Je viens d'un pays
qui n'existe plus…

ADRIANA

KAREMBEU

avec Patrick Mahé

Je viens d'un pays qui n'existe plus...

DOCUMENT

J'AI LU

1

Je m'appelle Adriana Sklenarikova. Je suis la fille de Miroslav Sklenarik et de Zlatica Gazdikova. Lui est tchèque, elle, slovaque. On me connaît mieux sous le nom d'Adriana Karembeu, patronyme du célèbre footballeur, que j'ai épousé, comme sur un nuage, en décembre 1998, l'année où il reçut le titre de champion du monde avec l'équipe de France. Comme tant d'autres couples – deux sur trois, paraît-il – les accidents de la vie nous ont séparés, Christian et moi. Ce nom, je l'ai, à mon tour, hissé en haut de l'affiche pendant les grandes heures de ma carrière de mannequin, et des émissions de télévision que j'anime au long de l'année, en France et à l'étranger.

Évoquer mon nom de jeune fille me plonge toujours dans une tendre mélancolie. Si je vis depuis vingt-cinq ans dans une sorte de rêve éveillé, c'est parfois avec le sentiment d'avoir débarqué d'une planète morte, car je viens d'un pays qui n'existait pas à ma naissance, la Slovaquie, aujourd'hui indépendante, et en même temps d'un pays qui n'existe plus, la Tchécoslovaquie.

Bratislava et Prague. J'ai souvent rêvé au passé glorieux de ces citadelles bâties par les rois de Bohême. Restées figées sous la chape communiste pendant quarante ans, elles forment désormais deux capitales bien distinctes, l'une posée sur le Danube, où, adolescente, les promesses romantiques du grand fleuve me berçaient, l'autre, découverte pendant mes études, sinuant le long de la Vltava. Prague reste une source inépuisable d'inspiration pour les artistes…

Juraj, mon grand-père, si féru de culture slovaque, s'il me voit de là-haut, tout là-haut où il est désormais, apprécierait mon attachement à cette ville…

La souveraineté retrouvée de la Slovaquie n'a qu'une vingtaine d'années, quand le drapeau des couleurs panslaves, blanc-bleu-rouge, ressurgit de sa longue nuit.

D'une révolution de velours à l'autre, la Slovaquie a retrouvé ses frontières historiques en 1993, alors que ma carrière connaissait ses premiers frémissements internationaux. Je me rappelle cette période politique avec une grande émotion, qui n'a rien à voir avec un quelconque sentimentalisme de jeunesse. Aujourd'hui, la Slovaquie est à nouveau bordée de pays indépendants, dont certains ont conquis leur liberté au prix de sanglantes insurrections : la Pologne, la Hongrie, l'Ukraine et, bien sûr, la République tchèque.

Parfois, je m'y perds un peu en remontant le temps.

Le cadran astronomique de l'horloge, dans la Vieille Ville à Prague, où je suis des études de médecine, reste cependant un solide repère. L'astrolabe géant indique l'heure, la position de la lune et du soleil, mais aussi, plus original, celle des signes du zodiaque.

Née sous celui de la Vierge, j'en connais les atouts et les fragilités. La modestie et l'honnêteté en sont les qualités premières, mais les natifs de la Vierge sont réputés pour manquer de confiance en eux, ce que j'ai pu vérifier tout au long de ma jeunesse.

Je ne suis pas particulièrement adepte d'astrologie ; je n'oublie pas qu'un grand couturier, pour qui j'ai défilé, avait osé prédire la fin du monde pour l'an 2000 ! Je me fiche de savoir si Mercure ou Vénus dominent mon signe astral. Néanmoins je me reconnais dans certains commentaires de magazines parcourus à la volée, qui décrivent souvent une personnalité angoissée, ce qui était bien mon cas. J'étais si timide, empruntée, complexée…

Lorsque j'étais enfant, je vivais au pied des chaînes de montagnes. Au-delà, vers le nord, on s'inclinait devant la muraille naturelle des Hautes Tatras, dont un massif, campé en avant-garde des Carpates, est devenu Parc national. À Kremnicke Bane, à une quinzaine de kilomètres de Brezno, berceau de ma famille, une pancarte plantée en pleine nature interpelle le passant : « Ici, vous êtes au centre de l'Europe. » En d'autres temps, on aurait pu y lire : « Ici, vous êtes au centre d'un no man's land. » Je n'ai rien contre Brezno, cet écrin bucolique cerné de sommets culminant à deux mille mètres ; mais en dehors de la chasse aux edelweiss, qui permet aux Don Juan de campagne de tresser des couronnes de fleurs sauvages à leurs belles, quel horizon ce sous-chef-lieu de douze mille habitants, alangui dans son décor de carte postale, pouvait-il offrir à sa jeunesse dans les années quatre-vingt ? Car, malgré les promesses d'émancipation du « Printemps de Prague », il nous était alors interdit de rêver… D'ailleurs Prague, c'était loin de Valaska, même à vol de cigogne noire ou d'aigle impérial, ces grands oiseaux qui nichent dans nos forêts !

J'y pense souvent quand ma mère, qui n'en revient toujours pas de ma réussite, répète inlassablement : « Mais comment tout ceci a-t-il été rendu possible ? Cela tient du miracle ! » Sa stupéfaction ne se dément pas avec les années…

À l'époque, elle était coincée entre un mari possessif et jaloux, pour qui la présence des enfants – nous étions deux avec ma sœur Natalia, de six ans ma cadette – n'était qu'une charge, et nous, ses filles. Ses perspectives d'avenir étaient aussi sombres que la chape de plomb scellée sur le pays. Elle était médecin. Son statut social était alors comparable à celui d'une infirmière à l'Ouest, mais nul n'avait la moindre référence pour le savoir.

Pour évoquer le climat de cette période, il faut bien comprendre que nous ignorions tout de ce qui se passait ailleurs, les seules nouvelles dont nous disposions étaient celles diffusées par le canal unique des informations officielles.

Qui aurait osé annoncer, par exemple, que les Américains avaient mis le pied sur la lune en 1969 ? Pour nous, la conquête de l'espace se limitait au culte voué à Youri Gagarine – héros martial de l'Union soviétique, premier homme à avoir effectué un vol spatial, en 1961, dix ans avant ma naissance – et aux astronautes, tout auréolés du succès des missions *Soyouz*.

Moi, j'avais surtout un petit faible pour la chienne Laïka, la petite bâtarde de husky, trouvée errante dans les rues de Moscou et lancée dans l'espace à bord de *Spoutnik 2*, quatre ans avant Gagarine, sur la demande du président Khrouchtchev. C'était son cadeau de chef d'État à l'occasion de la célébration du quarantième anniversaire de la révolution bolchevique…

La petite bouille de Laïka nous était familière. Elle figurait sur les timbres de la poste tchécoslovaque, comme sur ceux des pays enfermés derrière le Rideau de fer, frontière invisible vue des montagnes de Brezno, mais hélas bien réelle. Les enfants collectionnaient les timbres de Laïka, la pionnière de l'espace, symbole et figure de proue d'une « guerre froide » entre Russes et Américains, dont nous ignorions le nom et plus encore la cause… Ces timbres, rares étant donné le peu de courrier échangé, étaient notre seul trésor. Ils étaient imprimés pour encenser la science soviétique. Nul ne se préoccupait du sort de la chienne héroïque, morte quelques heures après ce vol expérimental, sauf moi peut-être…

À l'école, en guise d'instruction civique, les instituteurs nous préparaient à la guerre. En nous distribuant des masques à gaz et en nous astreignant à des exercices collectifs d'autodéfense, ils nous expliquaient : « C'est pour vous protéger des bombes américaines… »

Nous étions tellement soumis, et si peu conscients de l'être, que je me revois, en corsage bleu ciel et foulard rouge de « pionnière » – le mouvement « scout » du Parti communiste, un passage obligé dans l'enfance –, saluer, au garde-à-vous devant la télévision noir et blanc, les obsèques de Brejnev, le vieux chef du Soviet suprême ! J'avais 11 ans…

Nos parents vivaient dans la crainte, ils avaient le sentiment d'être constamment épiés, un peu comme dans *La Vie des autres*, un film qui met en scène les méthodes de la police secrète est-allemande, la terrible Stasi, avant la chute du mur de Berlin.

En effet, la simple jalousie pouvait conduire quelqu'un à dénoncer son voisin. Qui se retrouvait directement en prison, sans autre forme de procès. Il fallait vraiment se fondre dans le moule du collectivisme, devenir transparents.

De la vie à l'Ouest, nous ne savions rien, sauf que de vilains Américains, une notion très vague pour nous, projetaient de nous rayer de la carte.

Nous ne savions quasi rien non plus de l'Histoire tchèque ou de la culture slovaque, à part ce que la chaîne des générations précédentes avait pu nous léguer. Inutile de dire, dans ce pays profondément catholique qui avait connu tant de luttes entre la Réforme et la Contre-Réforme sous le règne des Habsbourg, que l'office du dimanche était banni. Je ne parle même pas de la messe de minuit. C'était carrément une vue de l'esprit ! En revanche, aussi omniprésentes fussent-elles, les autorités fermaient les yeux sur « la carpe de Noël », ce plat traditionnel au menu de tous les réveillons. Mon père l'achetait vivante au marché et la laissait nager dans la baignoire pendant deux jours. Elle finissait panée dans l'assiette, au milieu d'une garniture de pommes de terre, joliment présentée dans les feuilles d'une salade verte. S'enchaînaient alors bien d'autres plats, plus ou moins spectaculaires et savoureux, car mon père se voulait à la fois « cuistot » et gastronome. Une bonne demi-douzaine au total... Tel était le menu de fête.

Mes grands-parents nous émerveillaient, ma sœur et moi, avec les aventures épiques de notre héros national, Juraj Janosik, également célébré en Pologne. Ainsi, sans mesurer le poids de sa représentation symbolique, nous savions, dès l'enfance, sans en comprendre toutes les subtilités, que Juraj Janosik était « l'ennemi du système ». Ses exploits de bandit de grand chemin éveillaient notre conscience d'enfants et nous rêvions de libertés improbables. C'était notre Robin des Bois, notre voleur au grand cœur, qui détroussait les riches pour distribuer aux pauvres le fruit de ses rapines. Des gravures sur bois le représentent fièrement campé, portant sa *valaska*, la lourde hache des bergers.

Il régnait sur les forêts, s'abritait sous le voile des cascades glacées, se réfugiait dans des grottes et dévalait les rochers tel un chat sauvage...

Mais, souvent, les héros populaires succombent à la fatalité. Le destin de Juraj Janosik se brisa sur une trahison. En lui subtilisant sa ceinture de force, qui lui donnait une puissance prodigieuse, un aubergiste le livra à l'armée impériale. Il fut pendu à un croc de boucher.

Deux siècles et demi après la mort du héros, mon grand-père s'exclamait encore avec gourmandise : « On va manger les tresses de Janosik ! » Il s'agissait en fait d'un fromage de montagne à la pâte artistiquement ciselée. Le fromage, très calorique, était accompagné de grosses pommes de terre et constituait l'ordinaire de notre cuisine. On pouvait aussi servir le janosik de façon plus raffinée, accompagné d'un vin blanc, comparable aux vins d'Alsace. Les enfants buvaient du lait tiède et de l'eau minérale qui abonde dans tout le pays, grâce à ses nombreuses sources.

Quand le *slivovica*, un alcool de prune à 60 degrés, débordait des verres en fin de repas, il y avait toujours quelqu'un pour se lever et rendre hommage au « justicier ». On y devinait de vagues propos contre l'envahisseur, « l'occupant russe » et ses affidés, mais nous étions trop jeunes, Natalia et moi, pour en saisir la subtilité.

Naturellement *Smrt Janosikova* (la Mort de Janosik), un poème des années trente, nous tirait des larmes.

Valaska était mon jardin d'enfant. J'y fus même baptisée, secrètement, en pleine nuit.

C'est un village tout en longueur, aux maisons traditionnelles en bois, calé au pied des montagnes, à douze kilomètres de Brezno. Il s'étire au-dessus de la rivière Hron où la truite sauvage est à la portée du premier bouchon.

C'est à Valaska que je dois d'être ce que je suis. Ce village reste pour moi synonyme du bonheur, du bonheur absolu. Zlatica et Juraj, mes grands-parents maternels, en avaient fait un nid d'amour pour nous, leurs petites-filles. Nous adorions jouer dans la basse-cour. À nous canards, lapins, oies, couvées, cochon rose que Juraj bichonnait à la brosse !

Je revois encore mon grand-père, une poule sous le bras. Il la berçait, la reposait au sol... Elle était endormie ! À 6 ou 7 ans, ce genre de spectacle marque l'imagination. À mes yeux, Juraj était magicien. Il vendait des peaux, je l'ignorais, et ne comprenais pas pourquoi, d'un séjour à l'autre, ses lapins, auxquels je donnais des petits noms et qui étaient un peu mes peluches, changeaient si souvent de couleur de pelage... Le clou de ses prestations consistait, pour notre total éblouissement, à chasser les aigles au filet quand ils s'approchaient des poulaillers. Et pour mieux nous épater, il attrapait les chauves-souris à la main.

Afin d'éveiller ma curiosité aux choses de la nature, il m'emmenait visiter les grottes de Demenovska pour que je puisse admirer les stalactites formées par l'écoulement de la neige dans les fentes de la roche. J'étais ébahie par ces magnifiques sculptures de glace, aussi géantes qu'intimidantes.

L'hiver, nous escaladions les montagnes enneigées avec des skis datant de 1940, des antiquités en bois deux fois plus grandes que nous. On y montait tous les jours. On se passait les skis, Natalia et moi. Il n'y avait pas de tire-fesses, bien sûr ! Faire une simple descente nous prenait une demi-journée. J'avais 13 ans quand enfin j'ai pris des cours. L'école de ski était obligatoire et nous aimions nous lancer, spatules en avant, malgré un équipement rudimentaire.

Nous ne savions rien, à cette époque, de ce qui se passait loin de chez nous, ni même à notre porte d'ailleurs, et nous ne possédions rien non plus. Nos vêtements, rudimentaires, étaient faits de lainage et de gros pulls tricotés à perte d'heures par nos mères. En dehors de ses activités de médecin, la mienne faisait tout de ses mains : les rideaux, les dessus-de-lit, les lourds vêtements d'hiver, plus ou moins matelassés avec des plumes d'oreiller… Elle n'arrêtait pas. On était loin de rêver à un simple anorak, si commun à l'Ouest, ni surtout qu'il fût imperméable. Tant pis, on fonçait sur nos skis et on rentrait trempées en émergeant de la poudreuse.

La luge était encore plus drôle. Même si mon grand-père, qui n'en manquait pas une, n'hésitait pas à nous hisser le plus haut possible, vers les sommets et à nous lâcher sur les pentes, au milieu des cris et des pleurs. C'était aussi le temps des fous rires…

L'été, il y avait fête au village, et dans toute la montagne. La tradition perdure. Je pense à celle qui rassemble tant de monde autour des cascades et des rivières de Hrusovo. Les paysans y accouraient en habit 1900. Les femmes sortaient leurs broderies colorées. La broderie d'ornement, art ancestral, est l'apanage des femmes slovaques. Ma grand-mère en était une championne, et ma mère, toujours prête à tirer l'aiguille, ne se laissait pas distancer quand il s'agissait d'inventer de nouveaux motifs…

Les habitants coupaient l'herbe en chantant, pétrissaient la pâte, touillaient le *goulasch*, le ragoût épicé, buvaient de la bière et du *burciak*, un vin jeune, trouble et sucré, en riant, ce qui, malgré les risques d'ivresse, n'empêchait pas de veiller, le revolver en poche, pour parer d'éventuelles attaques d'ours, de lynx ou de loups, que l'on savait tapis derrière les conifères… En principe, les ours ne sont pas agressifs, sauf s'ils doivent nourrir leurs petits. Il arrivait d'en croiser, à la nuit tombante, errant au bout des prés, là où l'on déposait les détritus avant leur ramassage. Et l'abus de *burciak* pouvait conduire l'imprudent au pire...

Nous, on cueillait les groseilles, tige à tige. On remplissait une cinquantaine de jarres. Adolescente, je passais un bon mois accroupie, ce qui, à cause de ma déjà grande taille, n'était pas un exercice facile...

Un jour, mon grand-père s'était brûlé en distillant l'alcool de prune... Il avait le bras et le torse tout grillés. Ça ne l'avait pas empêché de continuer pour nous en mettre plein la vue. Déjà sacré magicien à mes yeux, il devint mon héros. Il était un peu casse-cou, c'est sûr, très habile de ses mains, tant en bricolage qu'en ferronnerie. Il n'avait pas son pareil pour travailler le bois et le cuir. Il fabriquait ses ceintures et réparait nos gros souliers. Il savait tout faire. Je crois qu'il aurait raflé tous les premiers prix à la Foire aux artisans de Banska Stiavnica, s'il avait pu s'y rendre, mais c'était trop éloigné de ses montagnes. Je n'avais qu'admiration à son égard. À lui seul, il pouvait construire une maison en bois. Il avait bâti la sienne, planche par planche, alors autant dire que les cabanes pour enfants n'avaient pas de secret pour lui. Quant aux jouets : chevaux de bois, poupées de chiffon, dînettes, il nous en offrait à tour de main, et quelle main !

Zlatica, ma grand-mère, aurait donné sa vie pour moi. Elle n'avait pas son pareil pour recueillir le miel ou la propolis, une résine végétale aux vertus thérapeutiques, nichée au cœur des ruches, mais elle était allergique aux piqûres. Un jour, une abeille l'avait attaquée. Sous le choc, elle était tombée dans les pommes. J'étais encore gamine. J'avais crié, hurlé, pleuré, et les voisins avaient fini par m'entendre : « Tu m'as sauvée ! » répétera-t-elle toute sa vie.

De cette « ferme du bonheur », je n'ai que souvenirs enchanteurs. Ceux de grandes tablées paysannes, où mon grand-père fouillait dans les fagots afin d'y dénicher un vieux vin des petites Carpates ; pour mon plus grand éblouissement, maman et grand-mère préparaient des gnocchis de pommes de terre accompagnés de lard et de crème fraîche. Servi avec du fromage de brebis, le *bryndzové halusky*, ce plat national faisait la joie des familles. Gamine, j'aimais mettre la main à la pâte et je traînais toujours dans les jupes des femmes de la famille. Je servais avec précaution le *zincica*, un petit-lait de brebis, tandis que mon père, bière à la main, se contentait de surveiller la cuisson des saucisses fumées, les *spekaczy*, qui grillaient sur un feu de bois allumé par mon grand-père. J'admirais encore plus Juraj quand, pour accélérer le mouvement et nous satisfaire, il n'hésitait pas à se brûler le bout des doigts en saisissant les saucisses avec des piques de bois.

Et puis, il y avait les desserts : des crêpes fourrées au chocolat chaud ou à la confiture de groseille. En les savourant, même si j'en mangeais assez peu car je n'étais pas très gourmande, je comprenais mieux l'utilité de mes longues cueillettes, si fatigantes. Mais elles étaient récompensées. Mon père s'en empiffrait. En le servant, ma grand-mère glissait à ma mère : « Je préparerais dix ou vingt plats, de la soupe aux choux à la carpe frite en passant par tous les fromages de brebis des montagnes, que ce ne serait jamais assez pour lui. » Lucide, elle ajoutait discrètement : « Il est invivable, quitte-le ma fille. »

Hélas, toutes les belles histoires ont une fin. La nôtre se termina au retour à Banska Bystrica où mes parents s'installèrent. C'était une grosse ville minière d'au moins quatre-vingt mille habitants qui passait pour être la capitale de la Slovaquie centrale, fière de ses richesses d'antan, et qui restait un haut lieu de la résistance contre les nazis.

De Banska Bystrica, je garde le souvenir d'un centre-ville dynamique. Y étaient regroupées des maisons de mineurs en brique, façades à croisillons de bois et petites fenêtres et de nombreuses églises, les jésuites y ayant fortement épaulé les Habsbourg au nom de la Contre-Réforme… Pour mon grand-père, c'était aussi le centre de la renaissance slovaque, celui du maintien de la langue, du réveil futur de la nation. J'étais trop jeune pour comprendre.

Le trajet de Valaska vers la ville fut un enfer, d'abord il signifiait l'adieu à la ferme, à mon grand désespoir, puis ce fut ce voyage en train et en bus, tous deux très inconfortables, avec un changement obligatoire en cours de route.

Mon père conduisait très lentement. Il mettait deux heures pour couvrir les 35 km. Parfois même, il lui arrivait de rentrer seul au volant de sa Skoda, nous laissant, parfois seules, maman, avec son baluchon à l'épaule, et ma sœur et moi, agrippées à elle... Même une fois installés en ville, où son bureau d'ingénieur était très proche du cabinet de nutritionniste de maman, il la laissait prendre le bus, ne la déposait même pas devant l'hôpital.

La ville signifiait aussi un certain enfermement. J'ai gardé en mémoire une image forte de cette enfance qui correspond au symptôme de « l'enfermement ». Celle de l'orphelinat où ma grand-mère œuvrait avec des prévenances d'authentique « mammy » à l'égard d'enfants abandonnés. Ils étaient une soixantaine. Des bambins. Je revois encore leur sombre dortoir avec cet alignement de lits à barreaux destinés à les empêcher de tomber la nuit. Je revois ces visages un peu hagards, ces regards vides. Ils ne connaissaient pas la tendresse d'un câlin, la mélodie d'une berceuse. Ils ne demandaient rien, ne réclamaient rien, ne disaient rien. Ils ne pleuraient pas. J'étais très impressionnée par la vision de ces petits qui ne pleuraient jamais et semblaient rivés à leur sort, comme s'ils subissaient déjà, sans mot dire, les injustices de la vie. À Valaska, je questionnais souvent ma grand-mère sur l'avenir de ces gamins sans bagage, moi qui me sentais tant choyée. À Banska Bystrica, je passais mes journées à la maison, un rien mélancolique, je me réfugiais dans les jupes de ma mère ou plongeais dans mes livres scolaires, comme pour chasser les images de tristesse qui, parfois, m'habitaient. Quand elle m'emmenait faire des courses, nous prenions place dans la longue file d'attente devant les grands magasins à façades grises, lesquels, dès qu'approvisionnés et si peu, dans cette ère sombre, étaient dévalisés en vingt-quatre heures. Là encore, il y avait toujours quelque chose, pas grand chose, certes, mais pas vraiment rien comme en Union soviétique. Le soir, il fallait que maman repense *goulasch*, *kapustnica*, choux blancs, saucisses, crêpes fourrées et bière du pays pour satisfaire l'appétit de mon père qui lui-même n'hésitait pas à mettre la main à la pâte… Elle se débrouillait pour mitonner les restes. Elle n'arrêtait jamais. Mon père, peu reconnaissant, ne lui adressait pas même un sourire pour la remercier de ses efforts.

Comme je mangeais peu, il feignait de passer les plats sous mon nez, comme pour donner ma part à ma petite sœur… Ça l'amusait de marquer sa préférence. Natalia, bien trop jeune pour comprendre son manège, donc impossible de lui en vouloir, trouvait refuge auprès de lui et inventait même des disputes qui me valaient une inévitable gifle « réparatrice » ! Il inventait aussi pour moi des punitions caricaturales, telles que me faire copier cent fois – et recommencer – des phrases tirées au hasard de mon carnet scolaire… C'était son truc pour me rabaisser. Je n'en ai jamais voulu à Natalia, car elle était le jouet inconscient des manipulations de mon père…

Ma consolation, c'était le travail. J'ai subi l'école comme des travaux forcés. Pour mon père, l'échec était interdit. À 5 ans, mes parents m'avaient fait sauter de classe et j'ai continué mes études, avec cette année d'avance.

Quand j'étais ado, mon père, ancien joueur de basket et de volley-ball, et bel athlète, m'imaginait bien en sportive, ainsi que ma sœur. J'étais très bonne en gymnastique. Gracieuse même. Ma grand-mère, petite, un peu boulotte, admirait ma taille : « Comme tu es jolie ! » À 13 ans, j'étais très grande, trop grande. J'adorais toujours la gym, mais ne brillais pas ballon en main. On a voulu me voir pivot au basket. Je grandissais vite, mais restais très maigre. Et, avec ma morphologie, j'étais mal coordonnée. Je n'avais pas de souffle et ne tenais pas la durée d'un match. L'entraîneur était sympa, mais voyant à quel point j'étais nulle – je m'en voulais mais n'y pouvais rien –, il me sermonnait, même devant les copines : « Arrête de roupiller sur le terrain, cours ! » Son attitude me complexait encore davantage.

Mon père s'en foutait. Je ne me souviens pas l'avoir vu venir m'encourager au bord du terrain. Il n'était pas le dernier, en revanche, à laisser exploser ses colères devant les autres. Je garde en mémoire une scène particulièrement choquante. J'avais 10 ans et, à l'époque, mes meilleures copines étaient jumelles. Elles aussi travaillaient bien à l'école. Elles savaient que je restais souvent enfermée à la maison, car à part le chemin de l'école et le tour rituel de la place *Slovenského Narodného Povstania*, ainsi nommée en l'honneur de la Résistance slovaque, je n'avais d'autre horizon que notre appartement, plutôt impersonnel, avec ses petites pièces rustiques et banales, son mobilier uniforme et sans style. D'elles-mêmes, sachant que j'étais malade, elles étaient venues cogner à la porte dans le but de m'aider à faire mes devoirs ou à réciter mes leçons. J'entends encore mon père hurler : « Dégagez ! »

Mais son attitude ne m'empêchait pas de bûcher à perte d'heures. J'en rajoutais même. Je pouvais rester assise en feignant un travail astreignant. De plus en plus fréquemment, je me réfugiais auprès de ma mère afin d'éviter les claques paternelles, lancées au hasard, sans raison.

Les seuls jours où nous avions la paix, c'était quand il y avait du foot à la télé. Mon père était incollable sur le sport. En bon Tchèque, il connaissait tout du Dukla, du Slavia ou du Sparta de Prague, et aussi du Slovan Bratislava, club phare de Slovaquie, qui passait pourtant aux yeux des Tchèques pour une formation « de péquenots »... Avec eux, bière en main, on sentait poindre la future séparation de la Tchéquie et de la Slovaquie, qui, heureusement, se déroulera en douceur, plus tard. Des clubs étrangers, il suivait d'un œil distrait le Dynamo de Kiev, le CSKA Moscou ou le Zénith de Saint-Pétersbourg (alors Leningrad), des clubs classés à l'Est sur l'échiquier des coupes d'Europe. Moi je n'y connaissais rien, mais alors rien du tout, au foot. Avec ma mère et ma sœur, en revanche, nous bénissions ce ballon rond qui, une heure et demie durant, nous mettait à l'abri des reproches, des brimades, sauf évidemment en cas de résultats contraires aux espérances paternelles.

L'école n'était même pas pour moi un havre de paix. Très timide, je restais concentrée sur le travail. J'ai tout de même été heureuse au *gymnazium* (le lycée). J'y glanais de bonnes notes, déjouant les sombres prédictions de mon père : « Tu n'es bonne à rien ! », et rêvais d'entreprendre des études de médecine. Je voulais suivre l'exemple de ma mère, mon éternel modèle.

À 17 ans, j'ai eu mon *maturita* (le baccalauréat) avec 20/20… La note maximale. On pouvait décrocher des 20/20 chez nous. J'avais réussi mon grand défi, vis-à-vis de mon père, surtout… Il m'a fixée droit dans les yeux : « Ça ne sert à rien. Va bosser, plutôt ! »

2

« À moi, Prague ! » : dit comme cela, on croirait à un cri du cœur. Oui et non. Vu de Banska Bystrica, petite ville slovaque recroquevillée sur les fantômes du passé, j'imagine que Prague aura le parfum de la liberté. Par mes parents, je n'ignore rien des gloires et tourments de la capitale tchèque, berceau des Arts, ni des années de plomb auxquelles eux-mêmes ont été soumis.

Ils s'y sont rencontrés en 1968, l'année où les troupes soviétiques et leurs alliés du Pacte de Varsovie, méprisant l'indépendance d'un peuple « ami », renversèrent l'espérance de vivre un « socialisme à visage humain ». Les images ont choqué le monde. Face aux tanks soviétiques et aux chars des forces du Pacte de Varsovie, la jeunesse n'avait que ses poings et sa rage de vivre à opposer aux blindés qui encerclaient et envahissaient la ville. J'ai découvert les reportages de l'événement beaucoup plus tard, à l'Ouest, à l'occasion des commémorations ou des numéros spéciaux de magazines consacrés à ce soulèvement populaire. À l'époque de mes 20 ans, la force du témoignage par l'image n'était guère répandue autour de nous. *Historia*, *Paris Match*, je les découvrirai plus tard, à Paris, ainsi d'ailleurs que les premiers romans de l'écrivain tchèque Milan Kundera, un auteur dont je suis, depuis lors, une lectrice fidèle.

Enfant, je connaissais à peine le nom de Dubcek, qui dut faire face à la Russie. En quelques semaines, « le Printemps de Prague » et son « socialisme à visage humain » furent brutalement écrasés. Il ne restait plus qu'à replier les drapeaux nationaux, enfouir les pancartes hostiles à la « normalisation » qui disaient : « Moscou 1 800 km, soldats : *Idite domoi !* Rentrez chez vous ! »

C'était l'époque où mes parents s'étaient aimés, presque au premier regard. Elle, passionnée de médecine, grande, blonde, un petit côté Marilyn, sans la fragilité apparente. Lui, un bellâtre d'1,95 m, très sportif et beau parleur.

J'imagine leurs balades romantiques dans la vieille ville, le cœur universitaire, le poumon intellectuel du pays. Porter le blason de l'*Univerzita Karlova* (l'Université Charles), la plus ancienne d'Europe centrale, créée en 1348 sous le Saint-Empire romain germanique, est un honneur qu'un jeune couple avait forcément envie de partager. Peut-être se risquaient-ils jusqu'au café, non loin du pont des Légions et de l'île des Slaves, cette promenade connue de tous les amoureux.

Traverser vers Mala Strana, quartier huppé au pied du rocher de Hradcany et rêver dans

« la ruelle d'or », au cœur de la citadelle des rois de Bohême qui surplombe la Vltava, demandaient une certaine attirance pour la grande Histoire. Ma mère y était plus sensible que mon père, qui, en homme pressé, voulait finir ses études et décrocher au plus vite l'appellation enviée d'*Ing*, le diminutif d'*Inzinier*. Soit le titre d'ingénieur, soit celui d'économiste.

C'était l'âge aussi où, comme tant de Praguois, ils passaient des bancs de l'université aux pavés des rues afin de braver les tankistes russes, tandis que des manifestants mieux organisés jetaient des touques d'essence enflammées sous les chenillettes en criant « *Neutralitu* » (Neutralité !).

Au même âge, ou presque, vingt ans plus tard, je passais moi aussi de cette même université aux pavés des rues.

À 18 ans, je découvris l'histoire tragique de Jan Palach. Il s'était immolé quelques mois après l'écrasement du « Printemps de Prague ». C'était en janvier 1969.

Ceux qui sauvegardaient secrètement sa mémoire décidèrent alors d'organiser, vingt ans après sa mort, une semaine de manifestations : « la semaine Palach ».

Comme tous les jeunes, je me retrouvais au coude à coude sur l'immense place Venceslas, du nom de l'ancien roi de Bohême, là où le drame s'était joué, à une époque où mes parents rêvaient d'un meilleur destin.

C'est lors de « la semaine Palach » que Vaclav Havel, un fils d'entrepreneurs qui fut privé d'études par le régime communiste au nom de la lutte contre la bourgeoisie, s'imposera face à Gustav Husak, le défenseur de la « normalisation », la marionnette de Moscou.

Certes, les marionnettes font partie de la culture populaire de la Tchéquie, et la télé nous en déversait à longueur d'antenne, surtout le 31 décembre pour le réveillon. J'en capte encore de nos jours, sur YouTube, de ces émissions, dont l'humour rivalisait avec l'improvisation : Husak, dans le rôle du vilain gendarme, était très caricatural. Nous ne connaissions quasiment rien de Vaclav Havel. Sauf peut-être quelques discrets partisans réunis autour de l'écriture d'une Charte aux aspirations démocratiques. Ceux-là se nourrissaient de dialogues subtils, déclamés sur la scène du *Divadlo Na Zàbradli* (Théâtre sur la balustrade). Bon dramaturge, Havel y créa ses premières pièces et œuvrait aussi dans les coulisses du théâtre. Il était omniprésent, jusqu'au poste de machiniste qu'il occupa pendant des années ; le théâtre, campé au cœur de la ville, garde encore sa réputation de foyer de la dissidence... Ce n'était pas suffisant, sans doute, pour lui façonner une stature de leader, mais il avait suffi qu'on lui ait interdit de déposer une gerbe lors de « la semaine Palach », puis qu'on le condamne à plusieurs mois de prison, pour que son nom soit bientôt sur toutes les lèvres. Sans le vouloir, le régime construisait la notoriété du dissident.

Depuis un an, nous sentions poindre un mouvement de protestation, sans savoir que, de Paris aux campus américains, la contestation mobilisait d'autres jeunesses.

Beaucoup de Praguois n'avaient pas oublié la date de naissance de la Tchécoslovaquie – soixante-dix ans alors – et en célébraient l'anniversaire, drapeau à la main. Alors, quand le mur de Berlin tomba, l'effet domino se propagea à la capitale et les manifestations contre le régime prirent de l'ampleur.

« Le pays n'a plus peur », avait tonné Havel.

Toujours très timide, j'étais peu rassurée. Je me tenais en retrait. Mais, comme tous les jeunes de ma génération, je me suis laissée gagner par l'espoir. Certes, je n'accourais pas qu'en « manifestante » à l'appel des rassemblements spontanés, mais y venais aussi en tant qu'assistante médicale. Les élèves de l'École de médecine dont je faisais partie, brassard rouge et blanc distinctif au bras, donnaient les premiers soins aux blessés. J'intervenais pour soulager les premières victimes, pour réconforter des étudiants hagards, suffoquant dans le gaz lacrymogène, et évacuer vers l'hôpital les plus touchés. Nous n'arrêtions pas, à quelques mètres seulement de ce face-à-face tendu.

Notre présence était vivement souhaitée, car si la police faisait barrage à coups de lances à incendie et de jets d'eau glacée, les matraquages pleuvaient aussi. Les affrontements, de plus en plus virulents, laissaient plus d'un blessé sur le pavé. Mes premières armes d'auxiliaire médicale se sont faites là, dans la réalité crue du moment, dans le froid – il faisait -20 °C –, dans l'urgence.

De Banska Bystrica, où mes parents captaient les nouvelles tant bien que mal, je recevais des mises en garde affolées : « Cache-toi. Attention aux photos ! Tu risques d'être repérée, raflée, radiée de l'université… » Évidemment, ils savaient de quoi ils parlaient. Ils avaient vu les chars russes de 1968, subi l'invasion des troupes du Pacte de Varsovie. Ils avaient, tant bien que mal, survécu à la « normalisation », et connaissaient le lourd prix à payer, même pour des bagatelles.

La rumeur courait qu'un pasteur slovaque avait porté une pétition couverte de signatures aux autorités de Bratislava ; on l'avait jeté en prison et ses enfants avaient été exclus de l'école… À Prague, en cette fin d'année électrique, la répression s'aggravait.

Une date est restée gravée dans ma mémoire, celle du 17 novembre 1989. Ce jour-là, dix mille étudiants s'étaient réunis en souvenir de l'outrage infligé à l'université par les nazis, qui l'avaient fermée au début de la guerre. Pour le régime, cette commémoration tombait mal et, sur un ordre aveugle, la police avait chargé. La place Venceslas était cernée par les forces spéciales. La population était choquée. Le lendemain, il y avait deux cent mille manifestants ! Et, comme par magie, des affiches du portrait de Vaclav Havel fleurirent, déployées par les étudiants. Une affiche bien connue – petit sourire, fine moustache, col relevé – et portant le slogan :

« *Presidentem* » (Président !). Nombreux étaient ceux qui découvraient son visage. L'atmosphère rappelait celle qui avait porté le mouvement brisé de nos aînés, unis à l'été 1968 derrière les pancartes « *Neutralitu* », leur seul bouclier face aux chars du Pacte de Varsovie.

Pour parer aux rassemblements de masse, le régime misait sur la télévision d'État : chaîne unique, programmes uniques, de quoi anesthésier les populations… Fini les films de guerre répétitifs à la gloire de l'Armée rouge ; ils avaient fait leur temps ! Rodé à l'art de la propagande, le gouvernement sortait des archives des films avec Belmondo ou de Funès… Les Tchèques adoraient les films comiques, et les filles, un peu fleur bleue, rêvaient du destin d'*Angélique, marquise des Anges*… Avec de tels programmes, bien ciblés, le gouvernement pensait que les manifestants allaient rentrer chez eux… Grossière erreur ! Plus les jours passaient, plus leur nombre augmentait. Et tant pis pour de Funès !

Mon père s'inquiétait : « Fais tes études et tais-toi ! Les manifs, ce n'est pas la place des filles ! » Mais, impossible de jouer à l'autruche, de ne pas voir, de ne pas comprendre, de ne pas porter secours…

Le 29 décembre 1989, enfin, après d'extrêmes tensions, advient l'impensable : Vaclav Havel devient président. Sans faire de victimes, la Révolution de velours mit fin à plus de quarante ans de dictature.

Un copain, venu fêter l'avènement du « président-poète », comme on le surnommait, se promenait le transistor à l'oreille. Il s'est approché de moi et m'a tendu la radio : « Écoute ! » Il captait Radio Free Europe qui, entre deux flashes d'info euphoriques, passait du Madonna – *Who's That Girl !* – et du Michaël Jackson en concert... Des noms d'artistes et des lieux mythiques, totalement inconnus pour nous !

Mes parents s'étaient inquiétés, c'est normal, mon premier *boy friend* aussi. Car j'avais un petit ami. Je n'irais pas jusqu'à dire un « fiancé » au sens officiel du terme, mais notre romance dépassait largement le béguin, la passade de saison.

Je connaissais Roman depuis le *gymnasium* à Banska Bystrica. Je le trouvais très beau et n'étais pas la seule à être tombée sous son charme... Nous étions si jeunes que les sentiments n'avaient pas encore pris le dessus sur la simple attirance amicale. À 15 ans, coup de chance, nous nous sommes retrouvés dans la même classe. Je guettais ses regards et buvais ses paroles car, franchement, il était beau parleur. C'était le bonimenteur de la classe, il avait toujours une bonne histoire à raconter...

Déception pourtant : pendant toute l'année scolaire, alors que nous partagions les mêmes cours, les mêmes récréations, les mêmes études et le même stade – j'adorais la gymnastique, le saut en longueur et en hauteur, le 800 mètres –, Roman ne m'adressait pas la parole.

Je m'interrogeais devant la glace : suis-je trop grande, trop maigre, trop myope (je portais des lunettes sans complexe, j'adorais même), mal coiffée ? J'avais une tignasse raide, tandis que la chevelure de Natalia, avec ses jolies bouclettes, lui donnait un visage d'ange...

Je m'en voulais de montrer cette timidité maladive, le refuge des gens mal dans leur peau. Je craignais que mon insistance à quêter un signe de lui ne se retourne contre moi, qu'il s'en moque ouvertement et que je devienne la risée de la classe. Ces situations sont courantes à cet âge, et bien des filles en souffrent.

Puis j'ai cessé de m'intéresser à lui, j'ai repiqué du nez dans mes livres de classe et continué à collectionner les bonnes notes, plutôt que les marques d'affection. Je m'étais fait une raison. Un jour, peut-être, un autre prince...

La chance tourna en deuxième année. Des cours de danse classique étaient au programme. Mais, catastrophe, je dépassais tout le monde d'une tête et je devais me trouver un partenaire. Nous étions deux cents filles ! Chacune s'observait du coin de l'œil tout en essayant de capter le regard d'un garçon. Drôle d'exercice.

C'était pour moi une épreuve insupportable. Alors, sans trop réfléchir, je décidai de sortir de la classe, juste pour prendre l'air, pour respirer un bon coup, pour reprendre des couleurs, que sais-je !

À cet instant, Roman entra dans la salle. En me croisant, il m'a parlé, pour la première fois depuis plus d'un an : « Voudrais-tu danser avec moi ? » Ma première réaction, imprévisible, a été de m'enfermer dans les toilettes. Là, loin des autres, j'ai poussé un grand « Yeahhhh ! ».

Plus tard, après avoir difficilement repris mes esprits et surmonté mon émotion, nous avons esquissé notre premier pas de danse : il fallait voir le regard des autres... Ils étaient médusés. Comment, moi, Adriana la timide, la timorée, la renfermée, qui me sentais toujours trop grande et mal fagotée, avais-je pu taper dans l'œil du play-boy de l'école, lui qui, pendant des mois et des mois m'avait totalement ignorée ! Les filles ne me quittaient pas des yeux... J'y lisais peu de sympathie. C'est peut-être ce jour-là que j'ai découvert la jalousie.

Notre rencontre ne resta pas sans lendemain. Elle dura cinq ans. Dans la rue, des gens se retournaient sur nous. On entendait des commentaires flatteurs : « Quel beau couple ! » Je n'invente rien. Moi qui traînais mes complexes et ne me trouvais pas très belle, à force de l'entendre asséné par mon père, je rendais grâce à Roman de m'avoir glissé les mots magiques attendus par toutes les ados : « Tu es jolie. »

Mais Prague eut raison de nous.

Grâce à mes bons résultats, j'avais réalisé mon rêve : intégrer, comme ma mère, la faculté de médecine. Comme elle, je rêvais d'obtenir un doctorat en médecine et de poser un jour la plaque *Dr* (*Doktor*) sur la porte de mon cabinet.

Trois d'entre nous seulement furent admis à l'Université Charles. Pas mon copain. Roman visait des études d'ingénieur, et son avenir passait par Bratislava, à cinq cents kilomètres de Prague.

Il était fier de ma réussite, mais d'un naturel jaloux : « N'y va pas. Tu te fatigues. Tu études trop », et avec mon père qui me serinait : « Tu n'es bonne à rien », je ne savais plus quoi faire. Heureusement l'exemple de ma mère et de ma grand-mère, qui portait la blouse d'infirmière et le clip de la Croix-Rouge à la boutonnière, continuait de m'inspirer. Ma voie était tracée.

Mon copain me rendit visite plusieurs fois à Prague. Nous nous baladions un peu, en amoureux, mais le cœur n'y était plus vraiment. Même dans les lieux romantiques que mes parents avaient fréquentés jadis, le quai Masaryk, les ruelles de la vieille ville longées de ses maisons baroques, bien rangées, le parvis de l'austère et monumentale cathédrale gothique de Tyn. Rien n'y fit.

Comme mes parents, nous étions fauchés. Nous n'avions pas les moyens de pousser la porte des rares cafés et, encore moins, celle du Café Radetzky, au pied du château, sous le rocher Hradcany… En guise de friandise, nous nous contentions d'un biscuit à partager, sur un banc public. J'étais hyper-maigre, pas maquillée, car il ne supportait pas le moindre trait de rouge à lèvres, de crainte que j'attire les regards.

Puis, la distance entre nous s'est creusée. L'écart géographique et des études différentes nous séparaient. Je commençais à le trouver un peu trop envahissant, tandis que l'université m'imposait de nouvelles exigences. Un jour, j'en ai eu assez de dessiner pour lui des figures de géométrie ou des schémas qu'il peinait à concevoir ou à reproduire. J'ai laissé Roman reprendre le train pour Bratislava, la sacoche pleine de devoirs inachevés. J'avais les miens à terminer et à rendre.

Nous ne nous sommes revus que par intermittence, sans vraiment rompre le lien encore, le laissant simplement se distendre…

J'ai donc fini par me retrouver seule. Pas très bon côté cœur, c'est sûr, pas très agréable non plus pour l'équilibre et l'harmonie. J'avais du mal à chasser mes doutes, hérités d'une emprise de démolition paternelle sans merci. Mais je savais aussi que des études réussies pourraient les dissiper. Alors réussir mes études devint une obsession.

Je devais cette ténacité à ma mère. L'université me rappelait sa présence. Je m'y accrochais. Dans ce décor et l'atmosphère un peu lourde et très compétitive qu'elle m'avait si souvent décrits, je prenais peu à peu mes repères.

Quand je passais place des Croisés, je levais les yeux vers la statue de Charles IV, érigée pour le 500e anniversaire de l'université. Outre le discret hommage au plus visionnaire des rois de Bohême – qui fit de Prague une ville phare de l'Europe de l'Est, cela je le savais par cœur et le récitais depuis le *gymnazium*, pendant mes années de prépa –, je m'amusais à passer en revue les trente sculptures qui, depuis le XVIIIe siècle, montaient la garde de chaque côté du pont qui porte son nom.

Un bon exercice pour l'esprit et me nourrir de culture. L'Histoire défilait sous mes yeux. Prague n'est qu'un immense statuaire. Je n'avais qu'à lever la tête pour admirer des statues de femmes symbolisant les quatre facultés : Théologie, Droit, Philosophie, Sciences... C'est donc sous la protection des figures les plus nobles du *Carolinum*, le rectorat, que je plaçais mes études. Car il en fallait du courage et de la volonté pour en franchir les étapes...

D'abord, il y avait eu l'installation.

Sans argent, pas la peine d'imaginer ce qu'on appelle, à l'Ouest, une chambre d'étudiant.

Je vivais avec trois cents couronnes par mois, soit l'équivalent de trois euros ! Heureusement, la cantine, où je donnais un coup de main pour récurer les marmites moyennant quelques pièces, me permettait de subsister. C'était un travail harassant. Je m'étais fait la main à l'hôpital de Banska Bystrica quand j'avais 15 ans. Nous plongions dans des marmites géantes pour y trier des tonnes d'os de bœuf ; nous pataugions dans l'eau saumâtre jusqu'à mi-mollet. Avec le peu d'argent glané, j'avais réussi, malgré tout, à m'acheter une bicyclette. Pour la première fois, j'avais gagné quelques sous sans rien devoir à personne. Je n'en étais pas peu fière. À Prague, j'étais rodée à ce genre d'exercice. Je bossais tantôt à la poste, tantôt à la station de train, des tout petits boulots en échange de quelques couronnes. Je passais mes week-ends à la boulangerie industrielle, immense hangar où l'on pétrissait la pâte pour la moitié de la ville. Nous portions des gants, mais cela n'empêchait pas, à force de manipuler les pains brûlants, d'avoir des cloques et le bout des doigts brûlé.

Je comptais précieusement les tickets distribués par l'université : un pour le matin, un pour le midi, un pour le soir... Je n'avais jamais faim, mangeais peu, et cela suffisait... J'étais loin du *bryndové halusky* mitonné par ma chère *starka* (grand-mère) dans les montagnes de Valaska ! Pas grave, ce qui comptait c'était de réussir mes études. Je voulais prouver à mon père qu'il avait tort.

Le logement était collectif. Normal, sous un régime communiste. Je me retrouvais donc dans un vaste foyer d'étudiantes où plusieurs centaines de filles se partageaient des chambrettes à cinq lits, presque collés les uns aux autres. Il y avait quatre étages, et deux cuisinières, trois douches, trois toilettes par étage... Ambiance ! Ma timidité naturelle ne m'aidait pas à m'imposer dans cette volière, où la force de caractère faisait la différence. J'avais déjà du mal à caser ma haute silhouette dans le mini-dortoir. Mais ce qui me consolait, c'était de me retrouver dans l'endroit même où Zlatica, ma mère, avait vécu quelque vingt ans plus tôt. C'était bien le même. Elle m'en avait beaucoup parlé, me donnant quelques conseils et même quelques « trucs » pour que le « bébé » si craintif et si peu sociable que j'étais se fasse accepter.

D'elle, je savais aussi la dureté du programme universitaire. Avoir réussi le concours d'entrée, bien plus difficile que le bac, était une chose.

Si cela m'avait permis d'échapper au carcan paternel, je ne me cachais pas l'épreuve à venir. Cette école était un monstre, au sens sélectif. Quatre-vingt-dix pour cent des étudiants étaient recalés en fin de première année !

Ce que ma mère m'avait prédit me paraissait en dessous de la vérité, quand, histoire de nous décourager, le prof d'anatomie avait jeté en plein amphi, une poignée d'os. À nous de les attraper au vol et de deviner le nom, en latin, de chaque parcelle d'articulation : radius, humérus, cubitus... Cette partie d'osselets surréaliste ne faisait même pas rire le prof ; drôle de prof, un brave homme d'ailleurs, à barbiche...

Il m'arrivait, assez rarement, de retourner à la maison. Pénibles ces retours... Il y en avait pour douze heures de train. Inutile de dire, surtout l'hiver où les gens se serraient les uns contre les autres avec des mines renfrognées, voire hostiles, que le voyage n'était pas de tout repos. Faute de place, on n'échappait guère aux ivrognes embarqués à la sauvette ; les vols de valise d'une station à l'autre – il y avait tant d'arrêts – n'étaient pas la moindre des mauvaises surprises. Au printemps, j'avais essayé l'auto-stop. Mon copain de Bratislava était venu à Prague. Il avait changé d'université pour se rapprocher de moi. C'était encore le temps du premier amour. Il me protégeait d'une éventuelle mauvaise rencontre. À deux, c'est plus sûr. Au lieu des douze heures en train, nous n'avions mis que huit heures, sans pouvoir éviter plus de trois heures de marche... J'avais beau traîner vingt-cinq kilos de bagage, surtout des livres, j'étais si légère que le vent m'emportait…

Je préférais donc rester à Prague.

J'y avais découvert un refuge extraordinaire. Le plus noble de tous les havres dont on pouvait rêver : le *Klementinum*, un ancien couvent situé rive droite, face au pont Charles, au-dessus des flots noirs de la Vltava. C'était un héritage des jésuites, appelés voilà trois siècles pour mener la Contre-Réforme.

La bibliothèque, avec ses fresques célestes peintes sous les voûtes, comptait cinq à six millions d'ouvrages, peut-être davantage. Je revois les mappemondes, les sphères d'astronomie, celles de l'univers ou des océans, cerclées de bronze, et toutes alignées en enfilade. À l'époque, seuls les enfants des nobles avaient accès à ce haut lieu de la formation intellectuelle. Les religieux n'en sortaient que pour évangéliser les villages de Bohême. Puis elle devint bibliothèque publique. J'adorais m'enfermer dans la bibliothèque baroque, éclairée seulement par des appliques à la lumière douce, ce qui ajoutait à la noblesse du lieu et concourait à la concentration. Seule tentation, laisser filer le regard vers la fresque en trompe l'œil symbolisant les arts et les sciences…

La bibliothèque restait ouverte jusqu'à vingt-deux heures. J'y restais jusqu'à la fermeture, avant de retourner au foyer.

Mais il ne fallait pas traîner non plus. Ma mère ne m'avait pas menti quand elle m'avait décrit la version praguoise du « métro-boulot-dodo ». Ici, c'était : « bus, tramway, école, dortoir »...

Le réveil sonnait à cinq heures.

Les cours d'anatomie commençaient peu après le lever, même si les parties d'osselets du petit prof à la longue figure n'amusaient personne. Plus sérieuses étaient les autopsies. Elles requéraient beaucoup d'attention. Les pièges ne manquaient pas quand les questions fusaient. Nous étions mis en condition, à la dure, pour affronter les examens. Les cours duraient de 7 heures à 18 heures. Nous nous prêtions les livres, qui pesaient des kilos... Nul n'avait les moyens d'en acheter.

Quand la date fatidique de l'examen approcha, ma mère m'écrivit : « Attention, il y a cinq à six semaines de préparation intensive pour une seule matière (il y en avait huit !). Ne perds pas de temps. Dès que les fleurs de magnolias commencent à sortir, dès que tu sentiras l'herbe fraîchement coupée, ce sera trop tard. » C'était son calendrier de fille de la campagne, je le trouvais très émouvant. Et je bûchais encore plus...

Les pièges ne manquaient pas en effet. Y compris les plus inattendus. La prof d'histologie, par exemple, était une blonde assez jeune et plutôt coquette, mais de nature jalouse. Elle détestait les autres filles. Cela se voyait, cela se savait...

Au printemps, de nombreuses étudiantes allaient à la piscine, ne serait-ce qu'une heure par jour, pour bronzer. Je faisais tout le contraire grâce aux conseils de ma mère : « Quand tu passeras l'oral, mets-toi de la farine en guise de fond de teint et habille-toi en paysanne. » Il en était de même pour le maquillage. Je n'en mettais pas. Même pas un peu de rouge à lèvres alors que ma mère m'en avait choisi un fuchsia pour mes 15 ans. Mais bon, ce n'était pas trop mon truc. Je n'ai jamais oublié le jour où, au lycée, une étudiante avait mis du mascara. La prof l'avait fixée et lancé sèchement : « Allez vous laver ! » Depuis, on se tenait sur nos gardes... Ici, à Prague, pas question d'un tel affront.

Les épreuves avec sujets imposés m'inquiétaient beaucoup. Pour des raisons mystérieuses, je craignais de buter sur un détail. Cela m'obsédait. Et je redoutais particulièrement l'épreuve d'anatomie. Je piétinais autour d'une question sur le cerveau. Soudain le prof m'avait interpellée : « Ne vous inquiétez pas, vous l'avez déjà passé cet examen. »

Moi, stupéfaite : « Comment cela, monsieur ? »

Lui, sans se démonter : « Votre mère était enceinte de vous. Comme c'est moi qui l'interrogeais, vous étiez là !... En tout cas, remerciez-la pour votre beauté ! » Peut-être s'en était-il voulu d'être sorti de sa réserve... Il ne m'accorda le sésame qu'au rattrapage...

Question beauté, j'avais déjoué le risque de me faire recaler en histologie. Je m'étais présentée sans artifice devant la prof « jalouse ». Je n'avais pas d'effort à faire, car la beauté dont on n'est pas conscient empêche d'en jouer...

Sur les douze classes de vingt-cinq élèves, six étudiantes, dont moi, avions anticipé sur la date des examens en nous inscrivant à ce que l'on appelait là-bas une « pré-date ». Nous avons été reçues en deuxième année. C'est dire ! J'ai même eu la mention très bien.

Au foyer, nous avons été fêtées comme des stars par les autres filles. J'ai gardé le livret signé et tamponné. Ma mère en est encore toute fière. Mon père ? Il s'en foutait. Il ne m'a pas dit un mot pour me féliciter...

3

Faire médecine, c'est bien. On se prépare à sauver des vies. C'était ma vocation.

À Prague, passer son brevet de natation pendant les années d'études est une obligation civique. Non pas pour faire des ronds dans l'eau mais pour devenir sauveteur. Certes, il n'y a pas de mer proche, seulement des lacs, et il y en a de très beaux près de Brezno. Mon grand-père n'était pas le dernier à me jeter à l'eau, par jeu. Avec lui, il est vrai, je ne risquais rien. Et si je nage plutôt bien, c'est à lui que je le dois.

La Tchécoslovaquie compte beaucoup de piscines publiques. C'est toujours agréable d'y plonger, aux beaux jours. Mais, pendant l'année, ma mère fréquentait des établissements spécialisés dans les bains de vapeur, une sorte de « sauna ». Je n'aimais pas tellement ça. Les lieux étaient d'un blanc clinique et l'atmosphère trop moite.

En sortant de là, nous avions le cheveu plaqué et collant. Il n'était pas question, pour autant, de passer du temps sous un séchoir avec une brosse réparatrice. Le séchoir était collectif. Il soufflait sur le groupe à travers toute la pièce. Très fort. Je détestais ça. L'eau dégoulinant dans le cou et sur les épaules… En fait, on ne se coiffait pas. Nous nous contentions d'un élastique pour lier les cheveux en queue-de-cheval, rien de plus…

Le jour de l'épreuve obligatoire de natation, je paniquais ! Il me manquait l'accessoire essentiel : le maillot de bain ! Cela peut paraître idiot, mais je gérais un budget étriqué, destiné à l'indispensable – crayons, cahiers, livres –, et je n'avais pas de quoi m'offrir ce genre de fantaisie.

J'ai alors calculé le peu d'économies que j'avais. Je décidai de prendre les sous des deux semaines à venir, destinés à mon argent de poche, et je partis sans tarder pour les rayons de Maj, la grande surface locale située en plein Stare Mesto, le quartier commerçant niché dans le dédale des rues de la vieille ville. C'était le seul endroit où l'on pouvait trouver quelque chose de pas trop cher (enfin plus ou moins car tout était au même prix). Très rapidement, je vis un maillot de bain une pièce, marine et blanc à rayures verticales. Sauvée ! Je l'ai encore dans une armoire. Il est devenu une sorte de talisman, car cet achat obligé a été mon salut…

Un homme posté près des caisses observait mes allées et venues. Il s'est approché de moi d'un pas souple et décidé : « *Hello, Miss, I come from Paris. I'm a "scout", looking for pretty girls…*

I work for a model agency » (Bonjour, mademoiselle, je viens de Paris. Je fais du repérage pour une agence de mannequins.) Non seulement, cet inconnu m'abordait sans le moindre scrupule, mais, en plus, il s'adressait à moi dans un anglais – *scout*, *work*, *model*, *agency* – dont je ne comprenais pas le moindre mot. Je m'apprêtai à tourner les talons, ou plutôt les ballerines, car je ne souhaitais pas alors me montrer encore plus grande que je n'étais, quand il revint à la charge.

Son insistance me parut déplacée, mais le ton était poli, et ferme à la fois. Je pris alors conscience d'un remue-ménage à la porte de l'hôtel Président, une adresse phare à Prague, pas très loin de la place Venceslas, dont jamais je n'avais imaginé un jour franchir la porte à tambour. Son luxe, sans ostentation, mais de nature à intimider le visiteur ordinaire, nous empêchait de fantasmer sur son confort. Je le connaissais pourtant. Il m'arrivait de le longer quand j'allais remplir mes tâches de carabin à l'hôpital voisin.

Les explications du « scout » avaient l'air sérieuses. Je compris qu'il n'était pas là avec une intention tordue, genre drague à la sauvette. Et séduire ou être séduite était loin de mon quotidien. J'avais autre chose à faire, ne serait-ce que par égard pour mon copain, toujours à Bratislava. Certes, ses visites s'espaçaient, mais nous n'avions pas rompu. Je restais toujours sobrement vêtue, coiffée sans apprêt, jamais maquillée. De plus, je portais des lunettes pour ma myopie. Je n'avais vraiment rien d'une gravure de mode…

Bref, je me laissai convaincre. Je ne courais pas grand risque. Me voilà donc, tout empruntée à la porte de l'hôtel Président, non loin du *Klementinum*, la bibliothèque des jésuites qui m'était autrement plus familière…

En arrivant derrière mon guide, je remarquai une longue file d'attente de filles plutôt jeunes et jolies, armées de livres et de photos qu'elles serraient contre elles. J'appris que ces albums étaient des « books », encore un mot nouveau pour moi… dans un tel contexte.

Je pris place, puis vint mon tour. En passant devant la réception, j'eus le temps d'accrocher le nom des bars, la flèche indiquant le spa, celle de la terrasse, mais surtout le nom des salles de réception où se tint ce que j'apprendrai plus tard à nommer un « casting ».

L'inconnu du magasin Maj ne m'avait pas trompée. On me dirigea vers un salon au nom de peintre espagnol : Velasquez ou Goya. Là, dans un décor sobre, confortable et fonctionnel à la fois, un jury de quatre ou cinq personnes, hommes et femmes, plutôt matures, m'accueillit sans un sourire. Je n'étais pas préparée à ce genre d'examen, mais puisque j'y étais… Je me trouvai un peu bête. Je m'en voulus un peu de n'être pas maquillée, pas même un trait de rouge à lèvres. Je pensai à ma coiffure, à cheveux raides alors que la mode était aux bouclettes. J'avais gardé mes lunettes. Et je suis si grande, trop grande, si maigre, trop maigre. Je me dis que j'avais tout faux.

« Marchez ! » lança un juré. Je fis cinq ou six pas, un demi-tour et, hop, je fus remerciée. Dans l'escalier d'autres filles patientaient. Nous nous croisions sans un regard. Tout alla très vite.

Inconsciemment, je m'en voulais d'avoir cédé à cette invitation. Je la pris pour une mascarade, heureusement sans lendemain. Et je me replongeai dans mes livres et m'empressai d'oublier tout cela.

À ma grande surprise, le « scout », qui avait bien noté mon adresse, se présenta : « Vous êtes convoquée à Paris. L'agence VIP vous invite à y tenter votre chance. Vous êtes retenue. » Et il me tendit un billet d'avion.

Incroyable ! Une sorte de vertige me prit sous l'effet de cette annonce inattendue. Je me réfugiai auprès de mes copines de fac.

Elles étaient admiratives et m'encourageaient : « C'est ta chance. Vas-y ! Franchement, nous t'envions d'avoir décroché ça... Tu t'en rends compte, au moins... »

Nous sommes en 1991. Depuis la Révolution de velours, les frontières se sont ouvertes. La mode n'est plus un mot inconnu des filles. Un mot tabou à l'Est. Ma mère, toujours la première à coudre, même à partir de patrons un peu vieillots, travaille désormais d'après les catalogues de *Burda*, un journal allemand, genre *Modes & Travaux* en France. Ils avaient au moins cinq ans. C'était des catalogues très « mémère », mais, comme chez nous tout était sur le même modèle, à cause de l'uniformisation collective, ces pages apportaient un esprit nouveau. Les copines de ma mère se les passaient entre elles. Ils étaient apportés par ces chauffeurs internationaux, peu nombreux alors chez nous, qui conduisent de gros camions, portant le sigle *TIR*, à travers toute l'Europe. Je ne sais pas par quel manège ces catalogues aboutissaient à Banska Bystrica. Ils n'étaient peut-être ni glamour, ni sexy, ni modernes, mais cela suffisait aux femmes qui s'extasiaient devant les modèles à recopier.

Aller à l'Ouest ? Et qui plus est, à Paris ! La question me taraude. Mes copines me poussent à dire oui. Elles me voient déjà en photo sous la tour Eiffel... Mais la décision est difficile à prendre. Je suis toujours aussi timide, réservée, effacée, complexée. Et les examens approchent. J'ai presque franchi le cap des trois premières années de médecine. Il ne me reste plus beaucoup d'étapes pour accrocher ma plaque de *Dr* et c'est bien mon but dans la vie. Non pour me réfugier derrière un titre et jouer à l'inaccessible, mais, au contraire, pour me mettre au service de la science et des patients, pour être utile à la société. Alors que Paris, la mode, le mannequinat, tout cela me paraît vain et tient plutôt du fantasme à mes yeux...

De Bratislava, mon petit copain, m'oppose un « Niet » farouche. Son avis tranché, sans réplique, l'emporte sur la tentation. Je décline.

Le « scout » en reste médusé. Il essaie de batailler dans un sabir approximatif qui n'entame pas ma volonté, puis il abdique, de guerre lasse… Pas pour longtemps. Deux mois plus tard, en effet, il est de retour, un nouveau billet d'avion à la main. Je me sens flattée, mais prise au dépourvu. Mes parents sont à Prague. Sans réfléchir, j'appelle mon père, dont j'imagine un « Niet » encore plus impératif. Surprise : il est interloqué : « Quoi ? Mais cela ne se refuse pas ! Il est temps que tu fasses quelque chose. Je prends ton passeport et j'arrive. » Il est énervé, impatient de me ficher dans l'avion. Je n'ai même pas le temps d'argumenter : « Mais l'avion part à 17 heures…
– J'arrive ! »

À 15 heures, je ne suis toujours pas prête. Ma mère s'affaire à boucler une valise. Je n'ai qu'un petit sac à main, avec le précieux billet d'Air France à l'intérieur.

Elle appelle un taxi. Nous sommes très en retard. Mon père suit au volant de sa Skoda. Il est censé me donner un peu d'argent à l'aéroport. Manque de chance, il est retardé par un embouteillage. Ma mère a juste le temps de payer la course, de m'accompagner à grands pas vers les comptoirs d'enregistrement, de me guider vers le contrôle de police et de me jeter des baisers sans fin derrière la vitre qui la sépare de la zone internationale d'où je me retrouve, presque happée, à l'intérieur de l'avion, précipitée à l'arrière près des toilettes. Je n'ai pas un billet en poche, seulement une poignée de couronnes… Je ne connais pas

Paris, ni l'aéroport de destination. Orly, Roissy, ces noms n'évoquent encore rien pour moi.

Pendant le vol, je me remémore les rares souvenirs de voyage en famille.

J'avais déjà pris l'avion, une fois. Pour la Roumanie, sous Ceaucescu. Un vol de nuit. Lorsqu'on vivait derrière le Rideau de fer, l'horizon se limitait à la proximité de nos paysages. La grande évasion avait pour théâtre la Roumanie, la Yougoslavie de Tito, la mer Noire... Mon père jouissait d'une bonne situation, malgré la pauvreté ambiante. Il avait le poste de vice-président dans une grosse société d'État. Il professait une grande admiration pour la France et avait même inscrit ma sœur au lycée français de Prague. Je ne sais pas par quel miracle mes parents avaient eu le privilège, car c'en était un, de visiter Paris. Comme pour les rares touristes originaires des pays de l'Est, ils avaient obtenu leur visa à condition de laisser leurs enfants à la maison, gage du retour. Mon père baragouinait le français, appris à l'Alliance française, le pays bénéficiant d'une rare antenne culturelle du genre. Je m'en souviens comme si c'était hier, tant, faisant ses premières gammes dans la langue, il nous assommait de comptines telles que « Sur le pont d'Avignon », reprises en chœur par ma petite sœur. Ils évoquaient souvent ce séjour enchanteur. Ils avaient chargé la Skoda de nourriture jusqu'au toit, des bocaux artisanaux, et roulé à travers l'Autriche, la Bavière et l'Alsace. Rapidement, l'argent s'était évaporé.

L'eau minérale leur paraissait hors de prix. Ils n'achetaient rien, buvaient l'eau des fontaines, dormaient sur des parkings…

J'avais expérimenté ce genre de voyage en famille. De drôles de tribulations vers la Yougoslavie… Trois jours aller, trois jours retour. Dur, dur, à l'arrière de la Skoda, même si ma sœur et moi étions très jeunes. J'allais sur mes 12 ans. Le coffre était rempli de bocaux de canards et de plats cuisinés par ma grand-mère, à faire réchauffer.

C'était loin, mais c'était bien. La Yougoslavie, ouverte sur la mer, joliment découpée sur ses côtes croates, et dont nous découvrions la beauté, était « neutre » dans les subtilités d'après-guerre. Pour nous qui n'avions rien, elle exhalait un certain parfum de liberté. Dans les rues, mon père nous obligeait, Natalia et moi, à fixer les caniveaux. « Les enfants, regardez par terre, vous finirez bien par trouver quelque chose. » Nous nous pliions à cet exercice imposé… Un jour, je me suis écriée toute fière : « J'ai trouvé un lacet avec un médaillon ! » C'était une ficelle de saucisson… Une taloche réflexe sanctionna cette fausse joie ! Mais je tenais ma revanche ! J'avais réussi à faire fondre un marchand de glaces, rien qu'en le fixant dans les yeux. Il n'avait pas résisté à mon air de petite mendigote déshydratée et m'avait offert un cornet… Cette scène me hante encore, même si cela peut paraître dérisoire. Je venais d'un pays « égalitaire » où il n'y avait rien, certes, mais où les différences ne se faisaient pas sentir, forcément. Là, en quémandant, même sans prononcer le moindre mot, je me sentais humiliée. C'est la première fois, avec le souvenir des petits orphelins de mon enfance, que je découvrais les différences sociales. Ma première prise de conscience.

Ces souvenirs se bousculaient encore dans ma tête quand l'avion atterrit à Paris. J'étais ailleurs, comme « dans le bleu ». D'ailleurs l'aéroport semblait enveloppé de lumières bleues. J'ai erré un bon moment à la recherche du panneau portant le numéro de mon vol, et le temps de récupérer ma valise devant un tapis roulant, je me suis retrouvée à la douane. Bien sûr, je n'avais « rien à déclarer ». Ma pince à cheveux est tombée devant la douanière. Elle me l'a replacée elle-même en me souhaitant la bienvenue.

Une autre femme, me sentant égarée, m'a orientée vers la sortie. Je me sentais si seule. Et là, soulagement, j'ai reconnu tout de suite le « scout » de Prague. Il était bien au rendez-vous. Pour la première fois, je me suis dit que j'avais eu raison de croire à ce qui ressemblait pourtant à un boniment. J'étais soulagée.

Je lui ai montré le livre qui m'avait accompagné pendant le voyage : une méthode pour apprendre l'anglais. Il a souri. Quand il m'avait abordée à Prague, je n'avais rien compris à son charabia, car mon anglais scolaire était plus que rudimentaire. Au lycée on ne nous l'enseignait qu'une heure par semaine. Tout le monde considérait son apprentissage comme superflu. La première langue vivante, en dehors du tchèque pour les Slovaques, c'était le russe, un parler assez proche, somme toute. C'était même une langue sanctionnée en fin d'études au *maturita*. Enfin, j'avais opté pour le latin « universitaire », non pour jouer avec les déclinaisons latines, mais pour son utilité à la veille d'attaquer des études de médecine. Inoubliables radius et cubitus des cours d'anatomie !

Et voilà que l'anglais s'imposait à moi. Mon premier mot : *casting*.

À peine installée dans un appartement du XVIIe arrondissement, pas très loin du parc Monceau, mais très en retrait des belles avenues, le « scout » de l'agence VIP me demande de ne pas traîner car demain il y a… casting !

Avant d'aller me coucher, je fais la connaissance des deux autres filles qui occupent l'appartement : une Tchèque, une Slovaque d'un joli blond vénitien, presque aussi longiligne que moi. Je suis loin d'être dépaysée. Ma compatriote a 19 ans. Elle a déjà passé des tests photos et me montre son book. Éblouissant.

Elle est sexy, sans vulgarité. Je me dis qu'avec mes collants épais, ma mini-jupe en stretch des années quatre-vingt, mes grosses bottes, les meilleures en Slovaquie mais très démodées ici, je dois paraître un peu balourde. Clou de ma tenue d'apparat, je porte d'énormes boucles d'oreille de hippie. C'est loin d'être gagné ! J'exhibe pourtant ma meilleure garde-robe.

Mais nous sommes déjà aux portes de l'hiver. Je n'ai même pas de manteau matelassé pour me protéger des courants d'air dans le métro. Je n'ai presque rien.

Cela ne décourage pas mon « mentor » qui, justement, s'empresse de distribuer à chacune un carnet de tickets de métro.

Il nous explique que Villiers est notre station et nous montre la complexité des lignes, matérialisées par des couleurs, nous décrit la longueur des couloirs et le casse-tête des changements. Pour des étrangères, c'est un gros travail de mémorisation. Un jour, j'ai perdu mon ticket de métro. C'était à la station Châtelet. Je me suis assise par terre. J'en ai pleuré. Je me voyais devoir rembourser les 200 francs du carnet à l'agence. J'étais paniquée. Je suis rentrée à pied !

La Tchèque vit à Paris depuis un an. En pionnière accomplie, elle nous confie ses petits trucs pour trouver les bonnes sorties (en tête ou en queue de rame). C'est un véritable chemin de croix, car il nous faut traverser Paris en tous sens, à longueur de journée, pour un marathon d'une dizaine de castings par jour.

En arrivant à Prague, ma mère m'avait mis en garde quant au rythme à tenir : tramway, bus, école, dodo. Ici, c'est métro, casting, métro, casting, métro, casting…

Les gens n'y font pas attention, mais, à toute heure ils croisent de jeunes apprenties mannequins, le teint blafard et les yeux cernés, traînant, d'une station de métro à l'autre, des sacs encombrants.

Nous étions un peu les Cosette des castings, comparées aux filles un peu plus expérimentées, bien qu'elles n'aient qu'un an d'avance sur nous autres les petites dernières, guère plus. Elles ne quittaient jamais leur sacro-saint book qui rassemblait les clichés de leurs tests précédents. Toutes avaient vite adopté le look mannequin classique : le vêtement noir court et serré pour dégager la silhouette et libérer les jambes, le cheveu naturel, un soupçon de maquillage, toujours juchées sur des talons. Entre deux séances, avant d'affronter la rue et les dix ou vingt stations de métro, elles s'empressaient de troquer leurs chaussures haut perchées pour des sandales plates, autrement plus commodes.

Au début, je me contentais de regarder comment elles se comportaient ; une manière d'apprendre. Je m'habillais comme je pouvais, sans autre atout que mon plus grand naturel, le seul signe extérieur de « richesse », dont j'étais d'ailleurs la première à douter.

L'agence se moquait de nos fringues approximatives, tel cet éternel T-shirt d'un bleu Majorelle que j'ai gardé des années durant. Elle ne pensait guère à notre train de vie non plus, plus que modeste. Je me souviens que nous ne nous nourrissions que de pains au chocolat. et de pâte à tartiner à l'huile de palme, bien grasse, ce qui n'était pas heureux pour la ligne. On s'en foutait ! Nous vivions l'instant présent, sans illusion, étant donné le nombre de concurrentes qui nous défilaient sous le nez au terme de castings épuisants.

Comment survivre ? La question me hante, car venant d'un pays communiste où l'économie de marché n'existe pas, les filles comme moi ne sont pas préparées à l'esprit de compétition, à la concurrence. À Prague, à Bratislava, à Varsovie ou à Belgrade, tous les salariés sont au même niveau, certes très bas, mais ils ne se posent pas la question de savoir s'il faut travailler plus ou mieux pour grimper des échelons, qui d'ailleurs n'existent pas.

Un jour, après nous être encore bourrées de pains au chocolat, comme portée par une illumination soudaine, ma copine tchèque nous dit :

« Il faut demander une avance…

— Une avance ?

— Oui, une avance sur nos royalties.

— Des royalties ?

— Oui, Adriana, sur nos futurs contrats.

— Mais tu es folle, on va leur devoir de l'argent ! Nous serons couvertes de dettes. »

Je ne connais rien à ce système d'avance. Le mot contrat même m'est étranger. Je ne sais pas vraiment quel sort m'est réservé, disons que je n'ose pas trop y penser. Je suis encore très « bébé » et garde une confiance candide en ma première agence.

Finalement, à ma surprise éblouie, la démarche de notre copine est un succès. On nous remet nos toutes premières « avances ».

Alors, je me suis accrochée.

J'ai passé un an à sillonner les couloirs du métro parisien dans tous les sens. À force, je connaissais toutes les couleurs et tous les numéros des lignes par cœur. J'aurais presque pu éditer un guide de poche à l'usage des candidates au mannequinat…

Ma force me venait de ce dernier avertissement de mon père avant mon départ précipité. Il croyait tellement peu en mon étoile que, partagé entre le désir de me voir dégager de son paysage et celui de me voir au retour, tête basse et penaude, il m'avait lancé : « Tu as un billet d'avion pour Paris, profites-en, va voir la tour Eiffel, tu n'auras pas tout perdu… »

La tour Eiffel restait pour moi cette grande fille de fer qui donnait une grâce inégalée à Paris. Je l'admirais sans oser y monter. De même, le spectacle des restaurants et des terrasses de café me laissait interloquée. Non seulement je n'avais pas les moyens de m'y attabler, même pour y commander un soda ordinaire – d'ailleurs une jeune fille peut-elle entrer seule dans un bar, et braver le regard appuyé des hommes ? –, mais je trouvais très déroutantes ces tables de bistro posées sur les trottoirs où le flot des voitures n'était pas celui des eaux tranquilles de la Vltava !

Même si je me sentais aussi fragile qu'un papier d'argent enveloppant une tablette de chocolat – l'image me venait souvent –, même si je redoutais à chaque instant que le rideau se déchire, je m'accrochais, m'accrochais, m'accrochais. Je me revoyais alors, les fesses posées seize heures par jour à marner sur les bouquins dans un foyer d'étudiantes à Prague, à y espérer sans y croire n'importe quel signe venu d'ailleurs. Même un braquage ! Ça m'aurait permis d'échapper à la monotonie des jours. Or, j'étais à Paris. À Paris !

Dès le lever, je répétais à voix haute :

1. Je suis à Paris.
2. C'est moi qui décide de mon sort.
3. Ma vie commence enfin !

À ce moment-là, j'ai pris conscience qu'il y avait un avenir dans ce drôle de métier. Je passais pourtant des journées à me faire engueuler même si ce n'était pas bien méchant, mais plutôt la routine des studios, comme c'est le cas aussi sur les tournages. Quand les photographes commandaient de prendre la pose, ils le faisaient systématiquement en anglais. Avec pour seul appui mon *Anglais de poche*, je ne comprenais pas bien leurs exigences. Les jurons réflexes pleuvaient, « *Shit !* » étant le plus courant, et sûrement le moins vulgaire, mais ce n'étaient jamais des insultes. Les photographes imaginent un scénario, ils veulent raconter une histoire en images, pas toujours facile, pour une étrangère, de tout interpréter à la perfection. Le soir, je me forçais à tourner les pages de ce petit livre destiné aux autodidactes. C'était mon passeport pour communiquer. Comme le maillot de bain du magasin Maj, je l'ai gardé en souvenir et, de temps en temps, je m'y replonge pour le plaisir.

Je me faisais aussi engueuler par les assistants des castings. Je mesurais 1,85 m pour

63 kg. J'étais moyennement pulpeuse, avec des formes, tant côté poitrine qu'au niveau des hanches. En multipliant les Polaroïd, les photographes laissaient tomber des jugements abrupts, et mon agent me serinait : « Fais un régime ! Les clients t'apprécient, mais tu ne rentres pas dans leurs fringues. » Comment pouvait-on exiger de moi que je fasse un régime, j'étais aux pots de yaourts ! Puis, comme un rappel à l'ordre et d'un ton menaçant : « Attention, Adriana, cinquante filles guettent ta place ! »

L'avertissement fut salutaire, du moins le prenai-je au sérieux. Loin des bocaux de ma grand-mère laquelle, dans mon adolescence à Valaska, me forçait à manger, j'attaquais un régime « yaourt », entamant, pour me distraire, une impressionnante collection de pots en plastique de toutes les couleurs... Ces menus objets égayaient la décoration de ma chambre. En Slovaquie, nous n'avions qu'une seule sorte de yaourt en pot blanc uniforme. En France, le choix était sans fin, aussi bien dans les grandes surfaces, abondamment pourvues, qu'à l'épicerie du coin. Ils étaient peinturlurés, flattaient l'œil et me donnaient le sentiment d'être experte en art populaire, mineur certes, mais non sans charme...

Avant la fin de la collection, ouf, j'avais perdu dix kilos !

L'agence fut rassurée. Un beau jour, le magazine *Marie France* sélectionne mon portrait pour illustrer un reportage sur la relaxation... « C'est le début de la gloire ! » se félicite l'agent en me tendant la page. Il commençait à se lasser de garnir mon book de photos qui n'accrochaient pas les clients. Depuis six mois, il tournait en vain, l'album à la main, et moi j'espérais la bonne convocation.

Puis, de l'idée saugrenue d'un photographe, vint enfin la lumière, ou plutôt le soleil blanc des îles Bahamas...

L'enseigne Les Trois Suisses me retient pour illustrer son catalogue annuel. Son photographe me voit en Marilyn Monroe... Drôle d'idée, mais pas question de refuser. Aussi je me retrouve bientôt sur une plage de sable rose, bordée d'une eau turquoise qui va se fondre dans le bleu profond du large. Incroyable opportunité pour une fille des montagnes slovaques, n'ayant de la mer qu'une vision de carte postale et le souvenir vague de vacances d'enfant sur l'Adriatique...

La séance a duré deux semaines. Deux semaines sur une plage sublime, en petite robe d'été, pour une poignée de clichés « à faire rêver ». Nous étions trois filles, dont une Américaine de 28 ans, très jolie et même franchement sexy.

Fabien Baron, le photographe, n'arrêtait pas de manger des langoustes, midi et soir. Il n'était pas pressé de répéter les prises de vue et prenait son temps, prétextant un souci de perfection.

Comme le maillot de bain de Prague, comme la méthode d'anglais de poche, je garde précieusement ce catalogue des Trois Suisses...

Un *collector* qui n'a pas de prix à mes yeux. Ou plutôt si : je prends soudain conscience qu'en un jour je gagne plus que ma mère en un an !

4

« Une autre planète »... Dit de cette manière, cela fait un peu ingénu, un peu trop candide. Et pourtant ! J'éprouve toujours intimement les avatars du passage fulgurant d'un monde à l'autre. Un choc psychologique auquel je n'étais nullement préparée. Autour de moi, les gens ne se rendent pas compte du contraste saisissant qui existe entre les pays de l'Est, dont je garde des souvenirs gris, et ceux de l'Ouest, éblouissants. Souvent, je me dis : pourquoi moi ? Comment en suis-je arrivée là ? C'est trop beau pour être vrai. Attention au réveil brutal.

Ce n'était pourtant qu'un début...

Depuis mon départ de Prague, l'atterrissage précipité à Paris, le temps des vaches maigres à coups de Nutella pour tenir debout, les marathons dans le métro et la noria des castings à marche forcée, il y avait vraiment de quoi perdre la tête.

Mais... grâce à ma première escapade sur les plages des Bahamas pour Les Trois Suisses, je suis lancée, propulsée dans un univers fantasmagorique dont nul, du *gymnazium* de Banska

Bystrica au foyer pour étudiantes posé sur la Vltava, ne pouvait soupçonner la moindre paillette.

J'apprends beaucoup pendant ma première saison chez VIP. Le nom de Claudia Schiffer fait le bonheur de son agent et amie Aline Souliers, mais aussi des bookers, appelés à placer la bonne image, au bon endroit, tant en presse qu'en publicité. Je découvre l'incroyable richesse du métier à travers une floraison d'agences dont les filles se passent le nom, font et défont la cote internationale. Les maisons mères se livrent une guerre impitoyable : comparaisons des palmarès publicitaires et des parutions de leurs modèles, nombre de photos chics publiées et demandes renouvelées de la part de magazines de plus en plus glamour.

En France, en 1991, Claudia fait la couverture du *Special Top Models* de *Photo*, un magazine qui explose dans les kiosques des beaux quartiers. Les bons « casteurs », chasseurs tous azimuts des modèles de demain, le dévorent pour s'imprégner d'informations et d'échos, soulignant les forces, éludant les faiblesses, présentant les futures recrues d'agences qui, pour la plupart, ont largement pignon sur avenue. Une mine.

Mon nouveau chaperon s'appelle Benjamin. À ses yeux, je perds mon temps chez Eva Models où des assistants en mal de statistiques passent leur temps à surveiller mes mensurations – 1,85, dont 1,26 m de jambes, et pour le reste un équilibre de 89-59-90 – comme si j'allais soudain prendre deux tours de taille...

De Metropolitan, alors située quartier de l'Opéra, à Next, rue de Rivoli, en passant par Karin où rayonnent Estelle Hallyday et Monica Bellucci, jusqu'à l'incontournable Ford, pionnière du genre basée à New York mais qui étend sa toile à travers le monde, il est à peu près incollable sur la destinée des filles attachées à ces marques qui, aime-t-il à marteler, « enflamment le papier glacé des magazines ».

Il donne pour exemples les noms de l'Allemande Claudia Schiffer, de l'Américaine Cindy Crawford ou de l'Australienne Elle Macpherson, dont l'image illustre déjà un calendrier. Un calendrier personnel, en marge de celui, si connu, qui sera, des années durant, l'un des atouts du marketing de la firme Pirelli.

Benjamin, dont l'ex-petite amie travaille chez Elite, tutoie Gérald Marie, le président de la branche française et européenne de l'agence, créée à Paris. Pour lui, ma place est indiscutablement au sein de cette « écurie » de tops. Rejoindre le sérail de l'avenue Montaigne, où l'on vous accueille sous la toise, face au miroir, n'est pas une mince affaire. Linda Evangelista, mise en scène par le photographe Herb Ritts, choisi par le couturier Gianni Versace, en est l'icône.

« Tu vois, me serine-t-il, si tu suis leur chemin, tu finiras à ton tour dans le portfolio de *Harper's Bazaar*. »

Comme toutes les débutantes, j'aspire surtout à me faire remarquer par les rédactrices de *Elle*, à Paris, une très haute marche en matière de mode et de tendance, en espérant également taper dans l'œil de *Vogue*. Cela suffit à dessiner un bonheur de « *cover girl* espoir », comme il dit. J'en suis loin. Je ne suis encore qu'une aspirante qui mesure le chemin à parcourir pour atteindre la couverture des grands magazines.

« Harper's Bazaar », « Cover Story », « Portfolio » sont encore des mots nouveaux pour moi, même si, apprenant l'anglais à vitesse accélérée, je finis par m'en imprégner. Je n'ai encore acquis du français qu'une jolie musique phonétique.

Benjamin tourne à longueur de temps les pages des magazines où s'expose l'élite des tops, des filles au physique bien différent : de la sage Claudia à la blondeur platine et au sourire de Baby Doll, jusqu'à Shana, la brune torride, choisie pour promouvoir une marque de jeans fortement typée « Far West ».

Je lui fais remarquer, au passage, que si Claudia s'affiche sur le calendrier 1992, elle n'a pas encore cédé à la mode du *topless* mais, au contraire, a su imposer le choix d'un photographe complice qui respecte sa volonté et reproduit idéalement sa fraîcheur sexy, toujours douce et rassurante.

Je veille, de mon côté, à ne pas tomber dans de mauvais filets, même si, un jour, j'accepterai de poser pour *Playboy*, sous l'objectif de Marino Parisotto Vay. Mais ce magazine n'est pas *border line*, il ne franchit pas la ligne jaune et reste dans l'esthétique.

À l'époque, le livre choc qu'on s'arrache en longues files d'attente devant le Virgin des Champs-Élysées n'est autre que le *Sex* de Madonna, dont les pages exhibent des fantasmes à faire tourner la tête de certains rédacteurs.

D'Elite, je ne connais que la renommée fulgurante. Pour les filles, l'agence est un peu synonyme d'Eldorado dont le chercheur d'or s'appelle John Casablancas. Benjamin n'est qu'éloges à son égard.

Fils d'un immigré espagnol de New York, Casablancas a innové, cassant très jeune les codes des agences traditionnelles, rompant avec ce qu'il appelle « le puritanisme » des plus classiques, telle celle d'Eileen Ford, née après-guerre, longtemps fidèle au style rangé des pré-sixties. Avec des célébrités telles que Jane Fonda, Margaux Hemingway, Brooke Shields ou Ali MacGraw, cette pionnière de la profession – elle lança son agence à 18 ans – a longuement ratissé les coulisses d'Hollywood, puis révélé Elle Macpherson et Naomi Campbell.

L'arrivée d'Elite dans le paysage donnera un sérieux coup de jeune à ce milieu plutôt conventionnel. Même des mannequins aguerries s'en trouveront décontenancées, au point de se laisser tenter par la nouveauté. Benjamin m'a tout raconté des « transferts » à sensation, suivis de ruptures, de fâcheries et de procès en cascade.

Dès son entrée en scène, Casablancas ne manque pas d'arguments, il est vrai. Avec lui, les modèles des podiums deviennent des stars de la pub. Il leur verse un cachet « à la carte » et non plus un « fixe », comme ce fut longtemps l'usage dans le métier. Il défie les diktats des organisateurs de *fashion weeks* qui, à Milan, par exemple, retiennent les gages des modèles pour les obliger à revenir à la session suivante : des filles en otage ! Un cycle infernal.

Il leur ouvre aussi caméras et micros pour de flatteuses interviews, alors que les temps sont plutôt au « *shut up and smile* » (sois belle et tais-toi). Enfin, du tapis rouge des défilés de mode, il ouvre aux mannequins d'authentiques sentiers vers la gloire.

Avant de signer pour John Casablancas, je ne savais rien ou presque de son agence, sinon qu'elle portait le beau nom d'« élite ». Celle-ci n'avait pas de secret pour les autres apprenties mannequins fréquentant les coulisses des castings depuis leur adolescence, grâce au concours international Model Elite Look. Un concours ouvert aux prétendantes dès l'âge de... 15 ans.

À cet âge, j'étais encore en prépa en Slovaquie, loin d'imaginer que ma chance viendrait, de la manière providentielle et surréaliste que l'on sait...

À mon arrivée à Paris, je découvre que ce concours fait beaucoup parler dans les studios. Il affiche déjà dix ans de succès. Il repose sur un réseau d'une vingtaine d'agences Elite dans le monde… On imagine des générations de gamines rêvant de défiler pour un grand couturier et de décrocher un portrait à la Une d'un magazine de classe internationale. En ce temps-là, la frange blonde de Linda Evangelista claque en Une de *Harper's Bazaar*, quand le mensuel *Rolling Stone* affiche le grain de beauté de Cindy Crawford, et que Karen Mulder pose pour *Elle* ou *Madame Figaro*…

Les mannequins en herbe, dont certaines sont encore des « brindilles » – « brindille » est le surnom de Kate Moss, appelée aussi la « femme allumette » –, savent toutes que ces top models ont débuté par ce concours. Elles en composent même le jury désormais, sous la baguette du « boss », tout auréolé de sa réussite personnelle. À la fin des années quatre-vingt-dix, on comptait 350 000 inscriptions… par an ! Une ville de la taille de Bratislava !

Un simple bulletin-réponse entrouvrait la porte du rêve : il suffisait de poster deux photos, un portrait et une autre en pied, en maillot de bain une pièce. Juste assez pour aiguiser l'appétit des découvreurs… Venait ensuite le détail capital des mensurations : taille, poids, poitrine, tour de hanches, couleur des yeux et des cheveux. Enfin, pour les mineures, nombreuses, l'indispensable sésame « anti-lolitas », l'autorisation parentale…

Une année, la finale du concours se déroule à Ibiza, une autre année à Séoul, une autre encore est accueillie au Plaza Hotel de New York. Le monde tourne, Elite aussi… Elles sont alors soixante à soixante-dix, issues d'une cinquantaine de pays, à se disputer les dollars de la victoire, au rythme d'un timing de pro : il faut passer des ciseaux du coiffeur au pinceau du maquilleur, puis dans le sillage d'un coach spécialisé dans l'art subtil de défiler sur les podiums.

En présence du gratin de la mode, le concours débouche sur une poignée de vrais contrats : 150 000 dollars pour l'élue, 100 000 dollars sur deux ans pour la dauphine et 50 000 du quatrième au douzième rang... De quoi envoûter plus d'une ado !

Dans la lutte que se livrent Elite et Ford, la réplique de cette dernière ne se fait pas attendre. En 1991, c'est une fille de 15 ans qui remporte le titre de *Super Model of The World* à Los Angeles. Daniela Benavente, venue du Chili, repart du Wilshire Hotel avec un contrat de 250 000 dollars et une parure de rubis et de diamants. Victoire du style « latino » en Californie...

Mais, depuis la chute du mur de Berlin et du Rideau de fer, un nouveau courant s'amorce : le look des filles de l'Est ramasse de plus en plus souvent la mise en Europe. Les bookers fixent alors leur attention sur les blondes longilignes.

Je garde en mémoire le minois de Natalia Semanova à 15 ans : six mois avant sa victoire à Ibiza, elle fréquentait les bancs d'un lycée de la banlieue moscovite... Vite installée à New York, elle est aussitôt prise en main par de grands photographes de mode. À peine lancée, sa fraîcheur éclaire la couverture de *Vogue* Espagne... Déjà Givenchy et bientôt Lolita Lempicka la réclament.

Cette jeune Russe, à l'air si juvénile, correspond bien à la nouvelle quête des bookers. Mais on ne décroche pas la couverture de *Vogue* grâce à un piston. On ne fait pas de photos pour ce type de magazine, très glamour et de haut standing, comme on pose pour un catalogue de mode à tirage très grand public. Si celui-ci est fait pour inspirer une tendance vestimentaire dont les marques sont porteuses, le portrait, lui, souligne l'émergence d'un type de visage auquel toutes les filles veulent ressembler. Très vite, des tendances se dégagent. D'un côté, les modèles dites « commerciales », de l'autre, des physiques singuliers qui font « flamber » les agences, et enfin ceux qui peuvent inspirer l'adhésion de nombreuses lectrices. Le mannequinat repose sur ces catégories.

Certes, le métier pratique aussi le copinage et les réseaux. Les agences insistent pour que nous fréquentions certaines soirées, quitte à faire tapisserie, sous prétexte que des rédacteurs connus ou des couturiers sont de la fête. Pour autant, le mannequin « commercial », classé comme « bon pour les catalogues », ne fera pas vibrer le photographe des stars. Quant aux filles en peine de contrats, elles peuvent faire autant de figuration qu'elles le veulent, puis rentrer, fatiguées, dans la solitude du petit matin au bout d'une nuit blanche, celles-là ne restent pas longtemps dans les carnets d'adresses des bookers. Les agences ne s'encombrent guère des « laissées-pour-compte », quand tant d'ingénues frappent à leur porte.

Derrière la vitrine des podiums et des *cover stories,* le métier est impitoyable. Il est courant que les égéries des petites agences avouent qu'elles ont un autre métier pour tenir le coup financièrement…

Je suis plutôt « boulot-dodo ». Pas très « sorties en boîte ». Je ne suis pas la bonne cliente pour traîner à la nuit tombée. Étudiante, je bossais seize heures par jour. Et, mannequin, je m'efforce de garder de six à huit heures de sommeil.

Ma chance, c'est d'être classée désormais en *direct booking*. Cela signifie que je suis dispensée de casting. Au début des années quatre-vingt-dix, je signe des contrats à hauteur de 10 000 francs, dont il me reste le tiers, après les diverses retenues et autres frais. Cela me paraît énorme, à moi qui viens des pays de l'Est. J'ai un autre avantage, je suis très disponible.

Ma taille plaît, mon origine slave passe bien, les filles longilignes sont de plus en plus recherchées. Mon fax tous les soirs me dit que je suis de plus en plus réclamée par des marques et des *fashion weeks,* à Milan, Londres, New York ou même Paris. Il y a pourtant des milliers de candidates, si l'on en juge par le nombre de books empilés dans les archives des agences.

Elite dispose, à travers le monde, d'un « vivier » de six cents à sept cents mannequins, femmes surtout, mais aussi hommes, et compte bientôt une cinquantaine d'« ambassades », dont une récente à... Bratislava ; Metropolitan en revendique quatre cents, Ford, trois cents, Next, deux cent cinquante, Karin et Marilyn, au moins deux cents chacune. Elles ont toutes des ramifications dans les pays où la mode compte. Or les grands défilés ne mettent en vedette, à chaque saison, que seize à vingt filles. Y être invitée est donc un privilège.

Puis au milieu des années quatre-vingt-dix, les contrats s'accumulant, je prends conscience que, mine de rien, je prends l'avion six fois par semaine...

Cependant, la période « grunge », cette nouvelle mode musicale qui n'est guère adaptée à mon style, devient pour moi un handicap. Elle joue sur la philosophie du désespoir, ce qui ne me convient pas du tout. Je me définis résolument dans la « positive attitude ». Je regarde vers le soleil, je ne plonge pas dans la nuit. Kurt Cobain et Nirvana, mais aussi le groupe Pearl Jam sont les gravures d'une tendance qui, à mes yeux, est préjudiciable à la mode et au bon goût. Ils s'habillent dans des friperies, cultivent le look vestimentaire rideau de bain crasseux, portent des jeans troués, des pulls trop grands ou trop petits, leurs baskets sont lacérées. Les filles sont loin de mettre en valeur leur féminité. Je n'aime pas du tout ce laisser-aller. Tenter d'imposer alors des mannequins au teint frais, sexy, plutôt pulpeuses et bien dans leur peau, passe pour une sorte de provocation… Surtout quand la coke et l'héroïne, omniprésentes dans ce paysage désespéré plein de guitares saturées, circulent en abondance.

Cette période est en contradiction totale avec ma personnalité. J'en paye le prix fort. Comme je n'ai le cheveu ni gras ni raide, suis d'une blondeur naturelle, sans doute trop dorée, je vois filer sous mon nez un certain nombre de contrats. Je ne suis pas dans les petits papiers de ceux qui font la pluie et le beau temps à Manhattan. Peu adaptée à l'underground urbain, aux pulls tachés et aux leggings torsadés ou bariolés, je ressens une pointe de mélancolie en pensant à l'air si pur des montagnes de Valaska. Et je respire un bon coup !

Je tente une réplique de pure forme en me faisant teindre en brune. Incroyable : le business reprend aussitôt ! Sur le coup, je vis mal cette parenthèse frustrante, où le grunge passe pour être le summum du chic. Pour moi, c'est du snobisme. On est loin du glamour des années quatre-vingt.

Mais j'aurai bientôt ma revanche. Et elle s'appelle Wonderbra. Un mot qui flirte avec *wonderful* (merveilleux).

La marque de soutien-gorge aux bonnets *push up* est une marque très ancienne, mais à bout de souffle, ses succès remontant aux années soixante, à l'époque des décolletés pigeonnants et du rock'n'roll. Une époque plutôt euphorique ! Mais la vogue des mannequins androgynes à poitrine plate a bien failli sonner le glas de Wonderbra. Heureusement son rachat par le groupe Sara Lee lui rend son dynamisme.

Avec le retour d'un idéal plus féminin qui valorise les courbes, Sara Lee joue la carte mannequins de l'Est avec ses premières égéries, d'abord Eva Herzigova, ma (presque) compatriote tchèque, une du *Big Five* des années quatre-vingt-dix (avec Cindy Crawford, Naomi Campbell, Claudia Schiffer et Christy Brinkley) et elle frappe un grand coup à l'échelon international avec son slogan publicitaire : « Regardez-moi dans les yeux... J'ai dit les yeux ! » Tout le monde se souvient encore d'Eva, s'exposant pleine affiche, la poitrine généreuse et le maquillage offensif. Impossible d'ignorer l'interpellation, ni d'admirer d'un coup d'œil complice la renaissance du *push up* des sixties...

Après Eva, il fallait assurer. Et je fus choisie ! C'était pourtant loin d'être gagné, car nous étions dix mille, je dis bien dix mille, sur les rangs pour cette campagne.

Par je ne sais quelles sélections, il n'en est soudain resté plus que... dix. J'en faisais partie !

À moi de jouer.

Nous subissons encore les avatars de la période grunge. Je suis toujours brune et j'habite à New York. Ironie de l'histoire, par un drôle de retournement des genres, la firme exige une blonde. Vite, je file chez le coiffeur et me fais teindre pour retrouver ma couleur d'origine.

L'agence ne me suit pas sur ce projet de contrat, jugeant le budget trop modeste. Tant pis : je décide quand même de me rendre au vidéo-casting. J'y vais seule. Et j'ai une intuition bien féminine. Je décide de faire un détour chez Chantal Thomass, la boutique la plus sexy-chic de New York. Pour les amateurs de lingerie sensuelle, elle est la reine incontestée des guêpières cintrées, corsets et autres porte-jarretelles en dentelle. Je repère tout de suite un ensemble de lingerie noir à pois blancs. Malgré tout, un problème me turlupine. Mon tour de poitrine n'est pas loin de valoir celui d'Eva. Elle fait un 90, je suis dans les 88. Mais elle est plus pulpeuse que moi. Or, il faut assurer la promotion d'un soutien-gorge altier. Ma parade consistera à mettre en avant l'esthétique des dessous de Chantal Thomass, ce à quoi je me prépare méticuleusement dans l'intimité du vestiaire. Je dissimule des chaussettes dans les bonnets du soutien-gorge. L'effet est très réussi.

Le jury m'invite à passer deux ou trois fois devant lui. Un dernier demi-tour et… je remporte la mise ! À l'agence, l'annonce fait sensation. En jouant cette carte, contre l'avis général, je m'aperçois assez vite que j'ai tiré le bon atout.

Non seulement le montant du contrat sera triplé, mais ma carrière va instantanément décoller.

À peine choisie, on m'identifie à l'histoire de la firme, à travers son article séduction. Le message auprès des femmes est : « Je veux séduire, je peux séduire ! » La campagne repose sur ce constat simple, à destination du plus grand nombre. Les filles un peu gauches, ou trop timides, doivent aussi pouvoir se convaincre : « Je suis belle, je n'en abuse pas, mais me sers discrètement de mon pouvoir de séduction. »

En Grande-Bretagne, la pub fait un malheur. En Italie, un nouveau slogan est décliné, qui rappelle celui utilisé avec Eva Herzigova. J'apparais sur l'affiche avec une belle poitrine et je regarde les passants droit dans les yeux en disant : « *I can't cook. Who cares ?* » (Je ne sais pas cuisiner. Et alors ?) Les ménagères sont directement touchées, les hommes savourent l'image. Il est vrai que j'avais déjà conquis le public masculin, avec la promotion d'une marque de bière. Jason Statham, ancien champion de natation britannique, joue alors mon garde du corps. J'apparais en lingerie blanche devant lui. Mon rôle consistait à saisir la bouteille et à faire couler la bière sur son torse bronzé tout en dégrafant sa ceinture. Osé !

Si aux États-Unis la concurrence entre tops est intense, elle est moins forte en Grande-Bretagne et j'en constate l'effet immédiat. Dans les rues de Londres, des passants me hèlent : « Adriana ! » Je me retourne, ce sont des inconnus. Ils me reconnaissent grâce aux publicités Wonderbra. En un an, la marque double ses ventes pour atteindre les 240 000 pièces. Pari gagné !

Inna Zobova, ex-Miss Russie, prendra la relève au tournant des années 2000. Les filles de l'Est ont toujours la cote. La preuve m'en est donnée lors de la fête donnée pour les 20 ans du rachat de la marque par Sara Lee. Champagne et petits fours. J'y accours, ravie de retrouver l'atmosphère de mes vrais grands débuts. Une jolie fille blonde, assez longiligne, se détache du groupe des invitées et se présente à moi. Elle est slovaque, un rien timide, en tout cas réservée, et ne parle pas encore français. Elle me rappelle un peu moi, lorsque je suis arrivée à Paris.

Elle vient de signer pour Wonderbra. Elle s'appelle… Adriana.

5

« Visitez notre site : www.victoriassecret.com, ou appelez le numéro 1-800-888-8200. »

Sans doute Laetitia Casta, beauté corse raffinée, toute de rose vêtue, fait-elle exploser les visites sur Internet et les appels téléphoniques pour la firme américaine Victoria's Secret.

Au seuil de l'an 2000, la marque culmine sur toute la planète.

Le secret de Victoria n'en est plus un, depuis que sa politique de marketing intensif draine les top models devant l'objectif des plus grands photographes : Herb Ritts, Patrick Demarchelier, Sante d'Orazio, Gilles Bensimon.

Laetitia Casta, donc, de l'agence Madison, mais aussi Stéphanie Seymour, de Ford, bientôt Heidi Klum, de Next, rejoignent une équipe où j'ai eu le grand plaisir d'officier moi aussi.

Grâce à l'impact de Wonderbra, j'ai pu aussi inscrire mon nom au catalogue de Victoria's Secret, diffusé par correspondance à… 240 millions d'exemplaires, rien que sur le territoire américain !

Je ne savais pas qu'il existait autant d'amateurs de lingerie, principalement des femmes bien sûr.

L'époque était encore celle du mouvement grunge, mais le style était sur le déclin. Heureusement. On allait enfin revoir des filles bien dans leur peau (et dans leur tête).

La plus belle à mes yeux était alors Yasmeen Ghauri, une Canadienne d'origine perse, de mère allemande, de père pakistanais, aux lointaines racines afghanes ou iraniennes.

Son corps aux formes magnifiques, taille fine et épaules harmonieuses, ondulait naturellement. J'avais remarqué ses photos, prises par Richard Aujard, aux côtés de l'Italienne Monica Bellucci, égérie de Dior et de L'Oréal, posant en soutien-gorge Chantal Thomass. C'était peut-être grâce à ces photos que l'idée m'était venue de risquer un raid dans le très glamour magasin de sous-vêtements new-yorkais, avant d'aller affronter la finale pour Wonderbra... Riche idée, on l'a vu !

Yasmeen travaillait pour l'agence parisienne Karin. Je l'avais croisée dans quelques-uns des défilés de mode dont je devenais familière. En général, les relations y sont courtoises, mais sans grande complicité ni chaleur entre mannequins, surtout lorsqu'elles travaillent pour des agences concurrentes. En fait, pas toujours. Lors des défilés, entre deux coupes de champagne et les quarante minutes d'une prestation réussie, les flashes des photographes, les caméras en action et les sunlights, une atmosphère de fête permet de solides rapprochements. Karen Mulder et Carla Bruni y ont noué de vrais liens d'amitié et leurs rires partagés gagnaient les coulisses. Lorsque je retrouve Yasmeen à Tortola, capitale de l'une de ces îles magiques appelées Virgin Islands, au large de Porto Rico, nous ne partagerons, malheureusement, que de rares moments de connivence en trois jours.

Je l'observe : plus gracieuse et féminine que jamais. Elle n'est pas maquillée et n'en a nul besoin, tant sa beauté est éclatante. Quand elle se déplace, elle semble glisser sur l'eau. Une princesse. Mais… à chacune sa loge, à chacune son bout de plage pour les moments de détente. Si nous partageons le privilège de poser pour un photographe unique, aucun *shooting* simultané n'est programmé !

De Victoria's Secret, destinée à faire rêver la « ménagère grand public », comme disent les spécialistes des ventes, je garde le souvenir d'un impact littéralement extraordinaire sur les gens… Pour la France, c'est une marque un peu *cheap*, classée comme ordinaire par les magazines féminins haut de gamme ; mais, à New York, la représenter revient à incarner en même temps Givenchy, Dior et Chanel… J'exagère à peine.

Pour l'Américain moyen, il n'y a rien de kitch à feuilleter les catalogues *Gifts from the Heart* (Cadeaux venus du cœur), *This Side Up Paradise* (Les Chemins du paradis), *Introducing*

Desire (Bonjour, désir) ou *Dreams and Fantasies* (Rêves et fantasmes)... Le mannequin qui y est photographié est la star de la rue. Il appartient au club des plus belles filles du monde, son visage traverse les océans, son nom est sur toutes les lèvres...

À part pour les défilés « extra-classe » de Chantal Thomass, les seuls où les filles défilent en lingerie, il n'existe pas à mes yeux de catégories intermédiaires pour lesquelles des mannequins connus, et moins encore les tops, accepteraient de poser en petite tenue.

Des défilés de mode, je garde des impressions fortes. D'abord la fièvre. Elle s'élève fortement parmi nous dès la veille au soir du défilé et gagne toute la profession.

Oui, la fébrilité s'exacerbe, elle touche le Tout-Paris, et il en est ainsi de toutes les *fashion weeks*.

Imaginez l'ambiance électrique qui, des coulisses au podium, envahit tous les acteurs de cette profession aux multiples facettes. Les plus exposés sont les créateurs bien sûr, qui ont œuvré pendant des mois sur leurs modèles. Le triomphe ou l'hallali les attend. Tablette en main, les critiques aiguisent leurs jugements. Un commentaire à la télé, une revue de presse plus ou moins amène, et c'est le pari d'une saison qui se joue.

Nous, les tops, les mannequins, les ambassadrices des marques, nous nous retrouvons côte à côte, livrées aux petites mains des habilleuses, ces mains si savantes. Elles sont plusieurs à se jeter sur nous, qui pour la robe, qui pour les chaussures, qui pour le bibi, si bibi il y a, qui pour le maquillage. L'une d'entre elles, à l'œil implacable, inspecte la tenue d'ensemble. C'est la minute « révision », juste avant de se voir propulsées – ou non – dans le noir… Instant grisant. Nous sommes comme des chevaux sauvages lâchés dans la nature ou des chiens d'attelage guettant le « Go ». Soudain, le silence se déchire. La musique électrise la salle. Nous jaillissons sur le podium au milieu d'une fulgurance de lumières enfin libérées. Mais nous ne voyons rien, ne distinguons personne. Quelques pas, non calqués sur le rythme de la musique, et c'est déjà le retour en coulisses. Parfois, l'on vous tend une coupe de champagne, comme lors des shows hollywoodiens de Thierry Mugler au Cirque d'hiver, son « Cirque du Soleil » à lui. Parfois c'est le chauffeur ou le *body guard* qui interpelle. Vite, vite, il faut déjà repartir. Certaines filles vont jusqu'à couvrir six défilés par jour. Il faut les voir courir, s'éparpiller, disparaître.

Il m'est arrivé, au sortir du Carrousel du Louvre, encore maquillée et coiffée du programme précédent, de devoir enchaîner immédiatement sur le contrat suivant. De nouvelles habilleuses sont à l'affût. Et, en dix minutes, sous leurs mains expertes, jaillies de toutes parts, nous sommes déjà une autre, transfigurée. Nous nous retrouvons alors au milieu d'autres filles déjà en ligne, prêtes à surgir depuis plusieurs minutes…

Il y a quelque chose d'animal, de félin dans les défilés. Et j'aime ça !

Ce que j'aime moins, beaucoup moins, ce sont les séances dictées par le rythme de certains photographes aux interminables bobines. Il m'est arrivé, pour une campagne, de rester le corps tordu dans quasi la même pose pendant ce qui m'a semblé durer des heures.

Au moins, avec les défilés, je relevais, d'un talon conquérant, le défi du créateur…

Poser, certes. Mais devant quel photographe ?

Si chacun connaît le nom de son couturier favori, il n'en est pas de même dans le monde mystérieux des photographes de mode et, moins encore, des photographes « de charme ». Les agences ont leurs favoris, sélectionnés en fonction des catalogues en préparation, du cahier des charges des campagnes futures, du standing des clients. En fonction des *shootings* à venir, les agences nous livrent, en extérieur, à l'œil noir d'appareils gros comme des bazookas, ou, plus intimement, à des créatifs qui veulent transformer leur studio en atelier d'art.

Oui, mais qui ?

Dès mon arrivée, j'apprends à prononcer le nom de Steven Meisel, dont tout le monde parle autour de moi. On me montre ses photos publiées par *Vanity Fair* aux États-Unis. Je reconnais l'actrice Ann-Margret, allongée dans un flot de couleurs flashy. Original. Mais son audace va bien au-delà…

Derrière la silhouette noire à bandana, jeans et trench-coat, sa tenue-uniforme de tous les jours, se cache en effet – ou plutôt ne se cache pas – l'homme qui tenait l'objectif de *Sex*, qui fait scandale à travers le monde, déclenche délires et foudres protestataires.

Loin de plonger dans les confidences érotiques de la chanteuse la plus débridée d'Amérique, je m'intéresse surtout à « l'œil » du maître, au cas où je serais amenée à travailler avec lui... d'une manière plus classique. Très vite, j'apprends que les éditeurs se l'arrachent, qu'il vaut deux millions de dollars pour le groupe Condé Nast, qu'il a fait l'objet d'une surenchère entre les titres de presse les plus prestigieux, tels que *Vogue* et *Harper's Bazaar*, que ses images sobres et réalistes, la partie la plus importante de son œuvre, lui valent l'admiration des mannequins les plus renommés.

Cindy Crawford le porte aux nues. Elle jure que, en une série de clichés, il rend la femme plus belle et qu'il transforme la mode en œuvre d'art. Naomi Campbell pose à son bras ; enfin, le Tout New York s'extasie sur les idées créatrices qui mûrissent sous son éternelle chapka.

Je ne peux m'empêcher de contempler également les images glacées d'Helmut Newton, dont Paris et New York louent la mise en scène à travers des albums luxueux en noir et blanc. Ses expos itinérantes font sensation dans la bonne société des grandes capitales. Ses *Archives de nuit* révèlent les facettes de sa personnalité. Dans ce livre, il a pris soin d'écarter les nus trop provocants. Il a sélectionné une série de « nus domestiques » pris au Château Marmont, à Hollywood, dont les boiseries anciennes et les lourdes tentures évoquent un décor de studio de cinéma à l'ancienne. C'est là qu'il a composé sa galerie de femmes à la beauté assumée.

Mon agence apprécie ses atmosphères érotiques, mais l'estime un peu « trash », voire à tendance sado-maso. Cela ne l'empêche pas de placer plusieurs tops devant ses objectifs. Par rapport à nos visées esthétiques, destinées à mettre en avant les créations de grands couturiers ou à poser pour des catalogues, toujours élégants, même s'ils peuvent être suggestifs, Elite m'écarte de « l'univers Newton ». Pas pour moi. Peut-être pour une question de royalties accordées au maître...

Le travail de Bettina Rheims s'oriente, à l'époque, sur l'intimité. *Chambre close*, un travail très personnel, met en scène une forme de prostitution brute, loin des fantasmes. Même si « elle pressent le nu paré d'une robe d'Yves Saint Laurent », comme elle le dit, en photographiant un nu anonyme dans une chambre d'hôtel, ses codes vont au-delà des exigences moins polissonnes du moment.

J'aiguise ma curiosité devant la palette de ces artistes souvent décalés, en tout cas non conventionnels. Avec eux, on est loin du classicisme du studio Harcourt, maître du portrait d'art aux éclairages très travaillés. Vus de Prague ou de Bratislava, ses portraits léchés apparaissent comme le symbole de l'école française de la photographie. Harcourt, son noir et blanc, ses retouches perfectionnistes, les jeux de lumières balayant le visage des modèles : cela relève de la gravure soignée. Pour les amateurs de photo, c'est la référence absolue.

Je ne suis évidemment pas au bout de mes surprises en me promenant aux côtés de la photo de mode.

L'Américain David LaChapelle la considère comme un divertissement. C'en est un, en effet, quand ce jeune New-Yorkais, autour de l'an 2000, habille Drew Barrymore – l'héroïne des films *E.T.* ou *Scream* – en serveuse « rose shocking », sa couleur favorite, et la *shoot* affalée au milieu d'un étal de pamplemousses ; ou qu'il conduit Brooke Shields, alors chez Elite, à s'arroser de crème Chantilly, toujours sur un fond rose flashy ; ou encore qu'il fait émerger Holly Woodlawn, l'une des muses d'Andy Warhol, du halo clignotant de voitures de police... Ces fantaisies lui valent l'appellation de photographe « le plus branché ». Ses livres soulignent ses extravagances. La célèbre « pastèque » ouverte dans un entrejambe, ou les scénettes loufoques de l'ouvrage *Hôtel LaChapelle* d'où Madonna sort d'une boule de feu, marquent une tendance ultra-sexy où la frénésie des couleurs le dispute à la démesure. *Exciting* ?

En respectant l'exemple de Claudia Schiffer, qui refuse encore le moindre *topless*, je me laisse photographier plus tard pour le magazine

Max, qui a les faveurs du métier. Une approche plutôt soft.

J'adore aussi Herb Ritts, bien sûr – « elles flashent toutes pour lui », titre le catalogue 1991-1992 de Versace – pour qui Claudia prend la lumière en robe à lacets noire, dans une pose lascive, mais non provocante.

Il est sans doute le seul à pouvoir réunir un carré de filles d'agences concurrentes autour d'une même marque de prestige : Linda Evangelista et Naomi Campbell (Elite), Helena Christensen (City), Claudia Schiffer (alors chez Metropolitan).

Je suis encore loin, petite nouvelle dans le monde des apprenties mannequins, d'imaginer un jour pouvoir accéder à la cour des grandes, même en rêve. Je les vois toutes comme si un heureux destin les avait convoquées au défilé des tops. Les couturiers et photographes ont bénéficié, pendant cette décennie de grâce, du plus beau des castings. Naomi Campbell, Claudia Schiffer, déjà évoquées, mais aussi Cindy Crawford, dont le drôle de petit grain de beauté au-dessus de la bouche confinait au grain de folie ; Kate Moss, d'une irréelle beauté et d'une apparence faussement fragile dont elle fit sa force ; Carla Bruni, Nadja Auermann, Eva Herzigova, Estelle Hallyday, Linda Evangelista, ou encore Christie Turlington et bientôt Milla Jovovich… Et toutes ont en commun de résider à New York.

Grandissant dans ce monde merveilleux, grâce à Wonderbra ou Victoria's Secret, je n'étais quant à moi que de passage dans cette ville où tout peut arriver. Que de chemin encore à parcourir pour leur arriver à la cheville !

Dans ma « longue marche », j'accroche le regard de Jean-Marie Périer, « l'œil » des années soixante, lorsque Paris swinguait et que mes parents rêvaient encore du Printemps de Prague.

Il y avait aussi Gérard Rancinan, admirateur du fantasque Guy Bourdin, star des années quatre-vingt, aussi talentueux que sulfureux. Ses photos décalées, osées, sont devenues cultes. Il jouait à fond sur les couleurs et laissait aller son imagination en campant des scènes d'un érotisme d'avant-garde, sans la moindre vulgarité. C'était sa force. Les collectionneurs de ses œuvres sont au diapason. Il en a nourri des fantasmes !

Comme Bourdin, Rancinan, avec qui j'ai beaucoup travaillé, a une imagination débordante. Ce petit homme toujours très gai, chaleureux, l'œil alerte, a été cinq fois primé au World Press, son « top » à lui. Il a photographié toutes sortes de personnalités, des politiques aux grands champions en passant par Fidel Castro. Moi qui ai connu Cuba lors d'une série publicitaire et vu ce qu'était la misère tropicale, que j'ai trouvée proche de celle des pays de l'Est avant la chute du mur de Berlin, j'imagine le chemin parcouru pour atteindre ce « privilège ».

La mode est une parenthèse joyeuse, pour Rancinan ; alors il la joue à fond.

Sa qualité première consiste à nous faire évacuer notre stress lors des séances photos. Du coup, il obtient de nous ce qu'il veut ; par exemple, il fait avec Estelle Hallyday une série inattendue sur le thème des sept péchés capitaux.

Il a le don de nous mettre face à ses défis. Il arriva au studio, des idées bien arrêtées en tête, livra rapidement le fruit de son imagination, se met en place et lâche dans la foulée l'ordre des prises de vue à réaliser. Parfois il va très loin. Je pense à la jeune Suissesse, Julie Ordon, en guêpière rose bonbon chevauchant un athlète noir aux muscles bodybuildés, ou à Noémie Lenoir, jolie métisse réunionnaise, posant enchaînée, près d'un pitbull, cet impitoyable chien d'attaque : un mélange de violence et de beauté.

Cet instinctif est « sans limite ». Il réussit à vaincre mes réticences et obtient de moi une série où je pose en lingerie fine et cornette de bonne sœur, comme sortie d'un fantasme du peintre Clovis Trouille ; des larmes de sang coulent de mes yeux.

À côté de moi, très féline sous la cornette, pour ne pas dire sauvage, collant déchiré, talons rouge feu et langue largement tirée vers les « voyeurs » en guise d'ultime provocation, même Brigitte Bardot, photographiée en lingerie fine et cornette, lors du tournage des *Novices* en 1970 (un an avant ma naissance), ressemble à une nonne assagie.

Dans une séquence ultérieure, allant toujours plus loin, je fais semblant d'arracher les membres d'une poupée...

Pour Rancinan, la photo est un art véritable, voire un art d'avant-garde. Pour moi, c'est d'abord une mise en scène... Rien d'obscène, ni de sacrilège, ni de blasphématoire, qu'on ne s'y trompe pas !

En ce qui concerne les femmes photographes, j'ai aimé poser pour Ellen von Unwerth. Elle fut elle-même modèle chez Elite pendant dix ans. Son audace, son goût certain pour le risque tiennent peut-être au fait qu'elle a travaillé pour un lanceur de couteaux dans un cirque en Allemagne !

Sous l'objectif de cette admiratrice de Richard Avedon et d'Helmut Newton – car l'érotisme fétichiste, les talons aiguilles ou les yeux bandés font partie de sa panoplie –, la mode à peine sensuelle devient tout à fait sexy : « Les mannequins hommes se prennent trop au sérieux », dit-elle. Ellen aime les filles « qui ont du chien », savent en jouer et en rire.

Cette approche très personnelle, mélange de joie de vivre et d'érotisme, constitue sa marque de fabrique.

Le couturier Azzedine Alaïa, « architecte » d'habillage du corps féminin, la choisit pour son premier film.

En lançant la mode des jeans Guess depuis la Californie, les frères Marciano l'encouragent à exalter le *sex appeal* de Shana, une beauté brune, jugée « torride », de l'agence américaine

Men & Women, en qui ils voient une Cindy Crawford avec de faux airs de Raquel Welch.

De tous les photographes appelés à croiser le chemin des mannequins et des top models, il en est un qui inspire un respect unanime… Patrick Demarchelier n'est pas devenu l'ami de Diana par hasard. Il ne s'est pas contenté de franchir les grilles des palais londoniens ; il a su pénétrer dans le jardin intime de la princesse de Galles.

J'ai eu l'occasion de poser pour lui. J'ai admiré son savoir-faire et sa discrétion.

Avec lui, c'est facile, il suffit de suivre ses indications : « Mets-toi ici, penche-toi de ce côté, allonge-toi sur la plage… » Le temps de se l'entendre dire et d'exécuter sa demande, on l'entend bredouiller quelque chose comme : « C'est parfait. » Et c'est fini.

A contrario, certains photographes usent des kyrielles de bobines ou passent leur temps en postproduction à éliminer le trop-plein des photos, dont ils n'ont pas su maîtriser le nombre. Ce sont les plus exigeants mais pas forcément « les pointures » de la profession.

Dès que les photographes ont commencé à travailler en numérique, certains ont vite appris à éliminer les poses inutiles et ont cessé de mitrailler à tout-va. C'est à cela que l'on reconnaît les meilleurs d'entre eux.

Lorsque le mannequin commence à jouir d'une certaine notoriété, les agences, qui connaissent les qualités et défauts des photographes, épargnent à leurs tops les séances marathon.

Ce n'est pas un hasard si Patrick Demarchelier, époux d'un ancien modèle norvégien, se montre si respectueux et délicat avec nous. Il sait de quoi il s'agit. Il connaît le côté soleil mais aussi la face sombre et rude de notre métier. Ce n'est pas un hasard, enfin, si Paris a consacré une exposition-hommage à son œuvre, très variée, dans un site prestigieux : le Grand Palais.

Il m'est impossible, enfin, de quitter mon inventaire personnel des photographes de mode, sans évoquer le culte qui entoure le calendrier Pirelli.

Depuis 1963, soit près de dix ans avant… ma naissance (!), la firme italienne offre à ses meilleurs clients un calendrier réalisé par un grand nom de la photographie. Cette pièce de collection se vend parfois aux enchères ! Richard Avedon, Marcus Piggott, Peter Lindbergh, avec qui je frôlerai une campagne pour Armani, ou encore Herb Ritts, ont vu défiler les plus belles femmes du monde devant leur objectif.

Annie Leibovitz, dont les studios installés sur l'Hudson River, au large de New York, a fait partie de l'équipe des photographes Pirelli. Elle a fait rêver plus d'un modèle, moi la première, qui n'ai pourtant jamais franchi les portes de son studio… Son ode à la femme, à sa beauté naturelle, d'un classicisme absolu, s'inspire de Rubens et de Botticelli. Ses reportages ont révolutionné l'iconographie, de *Rolling Stone* à *Vanity Fair*. Je ne me lasse pas de contempler sa photo de John Lennon et de Yoko Ono, enlacés dans une nudité fusionnelle. L'année même de ma naissance, elle jouait à maquiller de blanc le visage de Meryl Streep, reportage qui lancera sa carrière.

Intime, intimiste, la marque d'Annie Leibovitz.

Il n'en est pas de même pour la griffe Peter Beard, anti-portraitiste, lui aussi invité à se livrer en toute liberté pour « le » Pirelli.

On l'a défini comme le plus « inclassable au monde et le plus africain des New-Yorkais ». Admirateur de l'écrivain Karen Blixen, son *Out of Africa* photographique explose en collages d'inspiration primitive et en dessins de végétation luxuriante. Ses compositions naturalistes de top models au milieu des éléphants et des troupeaux de zèbres au cœur du delta d'Okavango sont aussi un cri d'alarme. Il nous interpelle sur l'avenir d'un continent dévasté. Cela me touche et je le lui ai dit.

Je n'ai jamais posé pour le Pirelli, dommage ; mais pour Peter Beard, oui.

Ce « fou » génial est habité par un message universel. Embarquer pour son Afrique ou son rêve d'Afrique est un privilège. S'y retrouver en compagnie de la Jamaïcaine Grace Jones, ce qui fut mon cas, laisse songeur. Peter Beard aime jouer avec la magie des contrastes... Une Slave, blonde et longiligne, associée à une beauté noire qualifiée d'androgyne, c'est tout lui. L'idée l'amuse, le résultat est envoûtant. Grace Jones, icône d'Andy Warhol (ami de Peter Beard) et de Jean-Paul Goude, mais aussi égérie d'Azzedine Alaïa, incarne une sorte de « liberté diabolique », tant en musique qu'en photos. Elle est un véritable *must* dans cette équipée sauvage où ne manque, clin d'œil oblige, que Marlon Brando… Il y a un peu de cette équipée-là dans celle des Rolling Stones qu'il photographiera plusieurs fois : à travers Mick Jagger torse nu, strié de peinture rouge, comme traversé par un jet de sang, et Keith Richards, capturé en mode nature, d'abord à Dallas, en 1972, puis à Toronto en 1978, on nage en plein surréalisme. J'adore !

Poser pour les catalogues, « prendre la lumière », comme on dit, devant l'objectif des plus grands photographes, c'est miser sur la durée, investir sur l'avenir. Les défilés de mode sont la face prestigieuse du métier, mais ils ne réunissent, deux fois par an, qu'une minorité des têtes d'affiche proposées par les agences et réclamées par les grands couturiers, y compris pour le prêt-à-porter.

En moyenne, la carrière de mannequin s'achève vers 26 ou 27 ans. Durer, perdurer, tel est l'enjeu individuel dans une profession qui n'est pas un sport d'équipe. C'est un métier où l'on ne peut penser qu'à soi. Et où l'on doit construire son image si l'on veut exister après 30 ans. En tout cas, c'est la règle générale. Je ne suis pas tout à fait de cet avis. De mon côté, je crois à une part de chance. Je n'ai jamais spéculé sur l'avenir, mais plutôt avancé marche après marche. Si, dans l'enfance et l'adolescence, on ne m'avait pas seriné cent fois : « Tu n'es bonne à rien, tu ne feras rien de ta vie », peut-être ne me serais-je pas imposé tous ces défis. Mon moteur tournait sur le mode du défi : « Je suis bonne à rien, eh bien, je vais m'en sortir et prouver le contraire… » Je n'ai jamais eu la prétention d'être la meilleure, mais au contraire de travailler pour sortir du rang. Je suis pleine de questionnements, de doutes sur moi-même : « Est-ce que ? Est-ce que ? Est-ce que ? » sont mes interrogations permanentes. « Suis-je à la hauteur ? » voilà ce qui me fait progresser au fond. Et donc, durer…

Parmi les créateurs, j'ai gardé quelques souvenirs marquants.

Je pense notamment à Hubert de Givenchy. Un bel homme très stylé, l'œil bleu porcelaine, au port aussi aristocratique que son patronyme à particule.

Dès le premier contact, par ses mots et l'élégance du geste, on sentait qu'il aimait tout autant la robe que la fille choisie pour la présenter.

Pendue à un cintre, dans l'atelier de ses créations, je fus attirée par une robe qu'Audrey Hepburn avait portée avec ravissement. Instinctivement, comme poussée par une sorte de superstition positive, je ne résistais pas à la tentation de l'effleurer, puis de la toucher, comme si je pouvais, à ce simple contact, m'enivrer de sa grâce.

Chez Givenchy, les modèles se sentent en confiance. En chef d'orchestre précautionneux, il a l'œil sur le moindre détail. Il est capable de relever une mèche, de tenter un coup de peigne, de rectifier un maquillage. Autour de lui, les « petites mains » s'affairent dans un tourbillon qui doit beaucoup à l'atmosphère et au respect mutuel qu'il instaure.

Je me revois dans son atelier, la robe ajustée au millimètre, et lui qui, d'un coup d'œil, corrigeait un invisible défaut de confection. Invisible de tous, sauf de lui…

Avec Emanuel Ungaro, nous passions parfois d'un extrême à l'autre, ou plutôt d'un coup de cœur à un coup de tête. Il peut être tout sourire, incroyablement prévenant, puis, sur la contrariété d'un instant, être capable de s'emporter, de tempêter, ou de s'enfermer dans un silence glacial.

Ce n'est pas le cas d'Yves Saint Laurent. Sans doute n'a-t-il jamais vraiment regardé les filles intimidées qui défilaient pour exalter ses œuvres. Ce grand esthète distant n'avait d'yeux que pour sa mère, sa muse, son inspiratrice. Je pense souvent à lui depuis que j'habite aux portes de Marrakech. Un saut sous les remparts ocre de la ville me met aux portes de la Villa Majorelle, son jardin d'Éden… Je sais qu'il piochait ses premiers croquis dans les magazines de l'époque de sa mère, comme la mienne, trente ans plus tard, découvrira la mode prête à porter, la mode de l'immédiat, la mode de série B, dans les patrons des catalogues de *Burda*. Un tout autre monde.

Peu avant de me lancer sur le podium, je me revois lors des essayages. J'apparais en peignoir blanc, les cheveux tirés en arrière, un trait accusé de rouge à lèvres. YSL ne me regarde pas, il détaille la robe silencieusement. Il y décèle un infime faux pli. Sur un seul geste, un simple mot, les petites mains – elles sont alors des dizaines – se précipitent à l'étage pour réparer l'invisible outrage. L'atmosphère est lourde, stressante chez Saint Laurent, mais quel génie ! J'étais prévenue : « Tu ne dis pas un mot, tu ne le regardes pas. »

Quand il n'était pas d'humeur à sortir de son bureau, qu'il n'était pas « dans le *mood* », l'essayage avait quand même lieu. Mais alors, attention au lendemain, si jamais… !

J'ai connu plus « sportif » avec Thierry Mugler. Ses défilés rassemblaient des filles au look d'avant-garde, avec un petit air travaillé d'extraterrestres… J'aimais bien ses concepts. Je me sentais faite pour son trait de crayon. Chacune de ses robes soulignait la taille fine du modèle. Le concepteur des corsets s'appelait Monsieur Pearl. Il en portait lui-même, depuis des années. Il avait réalisé la couverture du livre *Chimère* qui avait la forme d'une robe ultra cintrée.

Quand Mugler me sélectionne, Monsieur Pearl m'avertit : « Attention, il faudra que vous rentriez dans un corset dont le tour de taille est de 34 cm. » Ce n'était pas une blague, mais un nouveau défi. Je suis restée quatre jours et quatre nuits sans manger. Et je me suis glissée dans son écrin millimétré !

Karl Lagerfeld, comme Saint Laurent, ne jurait que par sa mère, et ne parlait pas aux mannequins. Il était impénétrable. Certains de ses assistants, à la merci d'un caprice, d'une saute d'humeur, en tremblaient. Nous essayions de donner le change en nous montrant aimables. Les ordres claquaient : « En avant, marche ! » « Trop rapide ! », alors nous ralentissions. « Trop lent ! », alors nous accélérions...

J'aurais aimé parler de lui avec Helena Christensen, ma consœur danoise. Elle qui, dans un clair-obscur érotique, posa sous l'objectif de ce grand mondain et remarquable plasticien. C'était pour la campagne Dom Pérignon Vintage 1988. Une marque que le styliste-photographe jugeait « aristocratique et libertine ».

L'unique fois où il m'adressa la parole, ce fut lors d'un bal donné pour la Croix-Rouge à Monaco... Est-ce parce que j'étais assise à côté du prince Albert ? Loin de son métier, Lagerfeld se montre ensorcelant, chaleureux, drôle. Il m'éblouit. Une découverte.

J'ai aussi défilé pour Guy Laroche, Lanvin, Gianfranco Ferré, Balenciaga, Courrèges, Paco Rabanne... Et participé également à de nombreuses publicités pour des marques prestigieuses. Mon souvenir le plus contrasté, le plus grisé sans doute, concerne Montana.

Des filles de renommée moyenne, heureuses de sortir de l'album du booker, d'être enfin remarquées au-delà de leur agence, devaient parfois dormir sur place après les essayages. Chez Montana, il arrivait qu'on passe les filles en revue jusqu'à 5 heures du matin, alors que le défilé était programmé pour 8 heures !

C'est le genre de situation, plus qu'inconfortable, que peuvent rencontrer les aspirantes au mannequinat, convoquées à l'autre bout de Paris par un décideur, lequel, confortablement installé derrière un bureau, se contente de feuilleter le book tout en téléphonant, puis referme ledit book dans un mouvement d'indifférence et le rend sans mot dire à la fille, recalée. La gamine, souvent très jeune, s'est tapé deux heures de métro aller et retour, a traîné son sac, en attendant vainement le bon vouloir de jurés blasés.

Ces filles sont encore des « bébés » et elles sont « maltraitées » par des adultes revenus de tout. Ce manque de respect me choque. Il est, hélas, très courant. Certaines, trop jeunes, trop fragiles, luttent pour tenir par tous les moyens, mais cèdent parfois aux sirènes de la drogue. J'en ai vu. J'en ai connu. Car si le milieu raffole de « petites mains », il ne manque pas de mauvais génies. J'ai vécu vingt ans dans ce métier et dans les coulisses de ce petit monde, dont huit chez Elite et huit chez Next, deux grandes agences internationales. J'ai échappé aux « rails de coke » qui pouvaient circuler autour de moi, presque sous mon nez ; je ne risquais pas d'être démarchée par les dealers, car j'étais à l'opposé de leurs cibles. Mes agents en plaisantaient. Ils disaient qu'avec mon air de « bonne sœur » sorti tout droit du Carmel, j'étais à l'abri des mauvaises rencontres.

À l'époque « grunge », à New York notamment, la drogue faisait partie du décor. Les dealers guettaient la faille, le moment de faiblesse. Combien de filles, parfois victimes aussi de prédateurs sexuels, y ont-elles laissé leur jeunesse et vu flétrir leur beauté, à coups de fausses promesses.

Je n'aime pas parler de ce gâchis. Je veux juste rappeler, pour les plus jeunes, que la fraîcheur, même entretenue, reste un atout. En transgresser les lois par des artifices, c'est se condamner à sortir irrémédiablement du jeu. Quand j'étais moi-même moins aguerrie, mes études de médecine m'avaient aussi permis d'évincer les tentations.

Je n'aime pas non plus les moqueries qui accompagnent les jugements expéditifs sur notre métier. Passons sur les « blagues » qui ont fait fructifier « La Minute blonde » à la télé, comme les histoires belges ont naguère fait, en partie, la gloire de Coluche. On peut rire des unes et des autres, car l'humour est signe d'intelligence. On peut s'amuser et je ris souvent avec les « histoires de blondes ». Mais tout n'est pas drôle, même si les réalisateurs de vidéogags raffolent passer et repasser en boucle la chute d'un mannequin sur un podium.

Cela ne me fait pas rire, car je connais trop la fatigue dissimulée, l'effort parfois surhumain pour défiler sur des talons aiguilles qui dépassent souvent les quatorze centimètres de hauteur, les régimes à répétition pour maigrir ou seulement garder la ligne, les nuits blanches accumulées, les déplacements incessants, le stress face au parterre de critiques blasés…

6

Ce soir-là, je suis pressée, fatiguée, pas même démaquillée… Il est 20 heures et je suis en retard…

D'avions en hôtels et d'hôtels en podiums, les mannequins invités aux *fashion weeks* s'épuisent. La *fashion week* de Milan, au printemps, n'échappe pas à la règle. Et la presse de mode italienne, ainsi que la presse généraliste y sont plus encore à l'affût des potins qu'à Paris, ce qui ajoute à la pression.

La publicité de la bière Peroni, mais aussi celle, plus « élitiste », de la superbe ligne de vêtements Cavalli, que je présente depuis le début de l'année 1995, plus quelques apparitions à la télévision, m'ont rendue visible en Italie, ma grande taille n'arrangeant rien…

J'arpente, à longues foulées, le hall quasi désert de l'aéroport de Linate pour embarquer dans le dernier avion du soir (je viens de manquer le vol précédent). On m'attend à Paris pour lancer une campagne pour une marque de lingerie, une jolie griffe pour qui je suis en contrat d'exclusivité. C'est un domaine où, depuis Victoria's Secret et mon attirance connue pour les productions soyeuses de Chantal Thomass, l'on m'accorde une certaine légitimité.

Tout à l'urgence des formalités aéroportuaires, je croise deux hommes élégants, qui s'attardent devant le kiosque à journaux. J'entends vaguement un « *bellissima* »… Par réflexe, j'ignore l'interpellation, très classique en Italie, une forme de « drague » un peu pesante à la longue, et me dirige, de mon pas le plus décidé, vers le bus de l'aéroport. L'avion stationne dans un coin de la piste, bien au-delà du périmètre desservi par les passerelles d'embarquement.

Les deux hommes se séparent devant le portique d'accès. J'entends encore un vague « *signorina* » étouffé, puis je me retrouve dans le bus, non loin de celui, silhouette noire et costume noir seyant, qui avait capté mon regard, de manière furtive.

D'ordinaire, j'ignore le moindre compliment jeté à la volée. Qu'il me soit adressé en français à Paris, en italien à Milan, en anglais à Londres, je fais celle qui ne comprend pas, qui ignore la langue dans laquelle des inconnus croient devoir m'apostropher sur un ton si familier. Trop « gonflant » d'être ainsi abordée.

Mais là… Je suis électrisée. C'est le coup de foudre. Fulgurant, oui, c'est le mot. Une sensation unique.

Par quel hasard me suis-je retrouvée sur le même vol et dans le même bus ? Me suis-je inconsciemment laissé aimanter par l'inconnu ? A-t-il, au contraire, accéléré le pas pour rattraper le mien ? Je ne suis pas encore au bout de mes questions, lorsque, à peine installée en classe « Affaires », quasiment déserte, il me demande la permission de s'asseoir à mes côtés, alors que seule la rangée du couloir nous sépare encore…

Il s'exprime en anglais et ma réponse spontanée fut un simple « *yes* ». Ses premiers mots sont ceux d'un vrai timide qui semble avoir forcé sa nature. Il me parle de ma taille, une entrée en matière bien banale, presque gênante, mais il faut bien lancer les premiers mots… En fait, il a repéré le magazine *Amica* qui dépasse de mon sac et qui me consacre sa couverture… En un coup d'œil avisé, désormais il me situe.

C'est la première fois, en cette heure de vol, que j'entendrai parler de la Nouvelle-Calédonie et lui, sans doute, de la Slovaquie, même si la chronique sportive, dont il se révèle tout de suite fin connaisseur, l'a déjà conduit à entendre le nom du Slavia de Prague, en Tchéquie, ou de Bratislava, chez moi.

« *I'm Christian,* s'est-il présenté en anglais.

— *Adriana*. »

Très vite, il précise : « Christian Karembeu. » Le nom ne me dit rien, ne m'inspire pas la moindre réaction. En est-il surpris ? Sans doute, puisque sans tarder et devant mon air indifférent, il se découvre plus encore : « *I come from a very far away country : New Caledonia. I'm a Kanak*. »

« New Caledonia », « Kanak », deux nouveaux mots s'ajoutent à mon vocabulaire d'aspirante polyglotte. M'invitant à une grande évasion vers les îles d'Océanie, difficiles à situer, *a priori*, il me tend le planisphère du magazine de la compagnie. Du doigt, il m'indique l'Australie, la Nouvelle-Zélande et, au nord-est, une bande de terre effilée comme une dague : « *That's here*. » Je n'ai pas le temps de revenir de ma surprise qu'il enchaîne : « Je suis aussi footballeur. » Joignant le geste à la parole, il me tend une casquette de club, où je lis : « Sampdoria ». Ce nom m'est inconnu. Je me dis : « Drôle de cadeau pour une fille ! »

Cette deuxième annonce produit en moi une sorte de choc répulsif : « Un footballeur ? Non, pas possible ! »

Je reprends :

« Et à part ça, vous faites quoi ?

— Je joue au football.

— D'accord, mais, dans la vie ?

— J'y gagne ma vie. »

Je suis interloquée. Comment peut-on gagner sa vie en jouant au football ! Des flashes d'enfance se bousculent dans ma tête. Je revois Zlatica, ma grand-mère, me taquinant, tandis que j'évoquais la fréquentation amicale, sans plus, des garçons, à l'époque du *gymnazium* de Banska Bystrica. Une atmosphère de complicité s'instaurait entre filles et garçons. C'était tout nouveau, tout beau pour moi ; nous étions encore des ados, aussi me mettait-elle en garde :

« Ne regarde pas les joueurs de foot. Ils ont les jambes arquées et sont obligés d'avoir un deuxième métier pour faire vivre leur famille... De plus, méfie-toi d'eux, ils ne se contentent pas de courir derrière un ballon, ce sont des chasseurs de filles ! »

Le tableau n'est guère flatteur, d'autant que, sous le régime communiste, les joueurs n'étaient pas des stars, sauf aux yeux des cadres du Parti, et ils devenaient vite des « fonctionnaires » du ballon rond. Or, même en Slovaquie, après les réformes de la « Révolution de velours », le foot n'était plus cet univers de besogneux anonymes au service d'un sport collectif, pour ne pas dire collectiviste. À défaut de stars, comme à l'Ouest, on commençait à entendre parler de quelques vedettes qui sortaient du lot. Les plus renommés, en revanche, jouaient plutôt dans les clubs tchèques.

Je n'y connaissais rien, cependant, et m'en fichais un peu.

Le foot n'était pas ma tasse de thé, même si je lui avais dû, naguère, grâce aux retransmissions télévisées, d'échapper aux colères de mon père, toujours prompt à lever la main sur moi et à sermonner ma mère pour des broutilles. Le foot à la télé était notre providence, mais cela, c'était avant… J'étais loin d'imaginer qu'il allait ressurgir dans ma vie avec la rencontre de ce bel inconnu, au physique athlétique et à l'exotisme magnétique. Magnétique, c'est bien le mot qui me vient à l'esprit pour qualifier l'impression que me laissa cette approche singulière.

Sur la lancée de notre premier échange, somme toute banal, mais intrigant, je me surprends à griffonner mon numéro de téléphone. Ce n'est pourtant pas mon genre…

Et Christian, à partir de cet instant, m'appellera tous les jours.

Au début, je le trouvais un peu étrange. En pleine conversation, il s'interrompait soudainement : « Excusez-moi, je dois raccrocher. Il y a des gens qui tournent autour de moi et qui écoutent. » Je pensais : « Il est mytho ! » Je n'avais aucune notion de sa notoriété.

Un soir, le téléphone sonne. Il est à Gênes : « Nous pourrions prendre un café. » Moi, prudente : « Oui, à condition que vous veniez à Milan. » J'étais de retour en Italie et avais retrouvé ma chambre à l'hôtel Principe di Savoia, où je descends souvent pendant les défilés ou les tournages de publicité. Entre-temps, son insistance m'avait travaillée. Je le trouvais charmant, séducteur, envoûtant même, car outre son physique intimidant et son air ténébreux, j'aimais son timbre de voix suave. Sans le comprendre encore, j'étais déjà en manque de sa présence, « accro jusqu'aux oreilles », comme j'aime à le dire. Au moins l'image est-elle parlante.

Discrètement, je m'étais mise en chasse d'informations concernant son métier, si étrange pour moi. L'air de rien, je faisais des tests auprès des maquilleurs et des barmen de l'hôtel. Je lançais des petites phrases faussement anodines : « La Sampdoria, vous connaissez ? » À la question, l'un d'eux avait failli tomber de sa chaise ! Comment pouvais-je en ignorer l'existence !

À peine cité, le nom du club faisait mouche. Même les plus ardents supporters du Milan AC ou de l'Inter de Milan, clubs symboles d'une rivalité « historique », régionale et nationale, dont je découvrirai les codes, me regardaient interloqués.

Je compris vite que « la Samp' » était un monument sportif dans l'imaginaire collectif italien. Pour mieux m'en convaincre, on me mettait sous le nez des journaux tels que *Tuttosport* ou *La Gazzetta dello sport* dont j'ignorais l'existence et qui, sur un fond rose, déconcertant, pour ce dernier quotidien, étalaient en gros titres les tribulations du ballon rond… À ma grande confusion, je découvrais le monde tumultueux du *calcio* (le foot) ; encore un nouveau mot à retenir, et, surtout, la présence importante de mon inconnu d'hier, ce Christian Karembeu, dont les performances noircissaient les pages.

Karembeu était, ici, une star… Que dis-je, il était comme un dieu à Gênes, du moins dans les quartiers les plus huppés de la ville et à Portofino, la station balnéaire chic de la côte. Mais pas question, pour lui, de traîner sur le vieux port, fief des « ultras » du Genoa, le club rival.

J'étais donc un peu « briefée » sur les mœurs étranges du foot italien et sur la starmania qui entourait Christian, quand il débarqua, chemise ouverte, félin, dans le hall de l'hôtel Principe di Savoia…

J'avais beaucoup à apprendre de lui. Je l'ai écouté pendant des heures.

Ce monde du football était vraiment nouveau pour moi : la ferveur populaire qui entourait ce sport dont les joueurs symbolisaient les héros et ces héros tutoyaient les dieux. Ce n'est pas un hasard si les *tifosi* de tous pays les surnommaient les « Dieux du stade ».

Jusque-là, je n'avais pas mesuré jusqu'où conduisait leur passion. C'est un drôle de sentiment que de se voir confronté intimement à un « Dieu », fût-il du stade... Avouons-le : j'en devenais « raide dingue ». Je me souvenais d'une confidence faite à ma grand-mère quand j'étais ado. Elle m'avait lancée, par jeu : « Où iras-tu chercher ton futur mari ? – Au bout du monde ! » avais-je rétorqué, comme si j'avais reçu un message prémonitoire...

Et voilà que ma prédiction de jeunesse se réalisait.

Nous étions en avril 1996. Nous nous étions rencontrés un 13. Pour les superstitieux, un signe de chance... Mais, évidemment, nous étions loin, très loin, de parler mariage...

Christian était tout pour sa tribu canaque, qu'il m'apprit à désigner par le mot « kanak », celui des origines coutumières.

Puis les choses s'accélérèrent. L'amour, grandi dans l'ombre, se fit enfin réalité... au grand jour.

Nous étions à un an de la Coupe du monde de 1998, organisée par la France. Mais surtout, Christian réalisait le rêve de sa carrière : il était transféré au Real Madrid. Ses recruteurs l'avaient chipé d'un rien au FC Barcelone, victime d'un « bonneteau » financier avec la Sampdoria, comme seul le football professionnel et ses tractations secrètes savent en inventer.

Les jeux étaient faits pour Christian, il se voyait confier les clés de la « Casa Blanca », le joyau de Castille ; un club anobli par le roi Alphonse XIII... J'entrais de plain-pied dans l'histoire de la grande Espagne et de la légende de son club emblématique. Pêle-mêle, on m'apprenait que son nom – *Real* veut dire « royal » – était synonyme de couronne, mais aussi à quel point c'était un honneur, pour beaucoup, d'en défendre le maillot immaculé. Je découvrais, en même temps, le nom de celui qui avait signé les prémices de la gloire universelle du club : un certain Di Stéfano, un Argentin encore adulé, depuis les années soixante, décédé pendant la Coupe du monde 2014...

Madrid vivait alors les grandes heures de la *Movida*, ce courant débridé de la vie artistique et sociale porté par une créativité permanente depuis la mort du général Franco.

Et nous vivions passionnément l'avant-*noche*, écumant les bars à tapas à l'heure de l'apéritif autour de la Plaza Mayor et de la fontaine de Cibeles.

Mais pour un sportif et un mannequin, ce genre de « régime » et la *Movida* en général n'ont qu'un temps. L'entraînement sportif du champion et l'entretien d'un physique pour le mannequin nous imposent une discipline qui tient à l'écart des tentations.

Tous les matins, sous la férule de l'entraîneur italien Fabio Capello, qui fit la gloire du grand Milan et venait de rejoindre Madrid, Christian prenait le chemin du *Paseo de la Castellana*, une large avenue calée dans une zone située naguère à la périphérie nord de la ville mais qui se retrouva vite au cœur d'un centre urbain au développement intensif.

La *Ciudad Deportiva* y abritait le centre d'entraînement du club omnisports, où se jouaient aussi les grands matches de basket-ball. Pas question d'arriver en retard, là où les copains, Clarence Seedorf, venu de Milan en même temps que Christian, et le Brésilien Roberto Carlos, mouillaient déjà le maillot… Nul au Real ne transige avec la culture de la victoire. Christian était à rude école, mais l'élève avait à cœur de dépasser ses maîtres… Des noms qui m'étaient encore étrangers, le football n'étant toujours pas d'un intérêt majeur à mes yeux mais il nourrissait la gazette sportive très riche à Madrid. Je faisais une différence entre l'homme et le footballeur.

La *Champion's League*, épreuve reine, un peu l'équivalent de nos plus grandes *fashion weeks*, allait lui offrir le théâtre de ses rêves. J'étais au stade Santiago Bernabeu quand 80 000 spectateurs, le briquet allumé dans le noir, comme pour un concert de rock, saluèrent le titre de champion d'Espagne en 1997. Là encore, quand au soir d'une demi-finale de *Champion's League*, le stade entier improvisa, sept minutes durant, une chanson, que dis-je, un hymne à la gloire de Christian… Sept minutes, une sorte d'éternité, croyez-moi. Un moment inouï, où le temps s'écoule différemment. Elle était entonnée, au maximum des décibels, sur le hit mondial de Gloria Gaynor *I Will Survive !* et l'irrésistible communion prémonitoire du groupe Queen : *We Are The Champions !*

Le summum eut pour cadre le stade d'Amsterdam où un certain Johan Cruyff, idole « intouchable » surnommé le Hollandais volant, marchait sur l'eau, vingt ans plus tôt.

On était à un mois de la Coupe du monde. Le Real affrontait en finale la Juventus de Turin portée par Zinedine Zidane. Là encore, Christian allait croiser un maître qui n'était autre que le leader de l'équipe de France, dont il portait lui aussi le maillot. Ce choc fratricide dessinait la pire des situations humaines pour lui : la victoire pour le Real… et donc, la défaite de son partenaire modèle en sélection !

J'étais à New York, mon travail avait repris ses droits… Quand il m'a appelée, il était 23 heures aux Pays-Bas, 17 heures à Manhattan :

« On a gagné ! triomphe-t-il.

— Fantastique ! Je t'embrasse très fort. Je t'aime.

— Mais le plus dur reste à faire…

— Le plus dur ?

— Oui, le retour à Madrid… La foule attend l'avion. »

Quelques heures plus tard, à 2 heures du matin à Madrid, Christian rappelle : « Nous y sommes… Le centre-ville est noir de monde. Les gens accourent de toutes parts. Nous montons sur la plate-forme d'un bus. Nous allons fêter le titre place de Cibeles. Il y en a pour six heures ! »

Trois heures plus tard, il rappelle : « J'y suis toujours. Les supporters se jettent tout habillés dans la fontaine ! »

J'ai beaucoup regretté d'avoir manqué ce triomphe à la romaine. Je décidai alors d'être présente pour la Coupe du monde. Christian a retrouvé Zidane et Didier Deschamps, adversaires dans le *calcio* hier, rivaux en *Champion's League*, partenaires aujourd'hui. Des noms de célébrités avec lesquels, sans le savoir encore, j'allais devoir me familiariser.

Des collectionneurs nous ont offert une photo où, tendu par l'enjeu, le cheveu coupé court, il tient son rôle de *body guard* de la défense. On devine qu'il s'apprête à jaillir derrière Didier, son capitaine chez les Bleus, et Zizou au premier plan, tous deux sous le maillot noir et blanc de la Juve, un maillot inédit à grosses rayures. Cette tenue inhabituelle ne leur portera pas chance.

Ironie du métier, les voici donc réunis, Didier, Zizou, Christian, à l'appel de la sélection et ce, au lendemain même de la victoire du Real : ambiance !

Je ne vais pas refaire, ici, l'épopée magique de ces Bleus auxquels de féroces critiques n'accordaient pas la moindre chance et qui renversèrent les mauvais présages transformant à jamais ces oiseaux de malheur en maudits augures ; tout cela appartient à la saga du foot. Je ne vais pas jouer les stratèges de tribune, ni donner la moindre leçon en la matière. Encore une fois, j'insiste, le football, à si haut niveau fût-il, n'était pas dans ma culture.

Mais j'ai vécu et vibré à cette conquête du monde dans le sillage immédiat de Christian.

J'étais à Clairefontaine, lieu du rassemblement des Bleus, au soir de la victoire contre l'Italie au Stade de France et après celle contre la Croatie où Lilian Thuram, l'un des meilleurs copains de Christian, fit basculer le match. J'essayais, mais en vain, de me tenir à ma place, de ne pas trop en faire. Mais la presse ne me lâchait pas, car j'étais la plus connue des compagnes des joueurs. On sait tout de l'équilibre fragile des groupes, de la vie en petite communauté. J'étais un peu à part. Pour quelques femmes mariées notamment, je n'avais guère de légitimité. Dans mon dos, je devinais des insinuations, mais, dans l'ensemble, j'étais plutôt bien acceptée, voire protégée.

De la soirée de folie qui suivra la victoire des Bleus sur le Brésil par un 3-0 sans appel et son « Et un, et deux, et trois zé-ro ! » scandé par une foule ivre de bonheur, je ne dirai rien de plus que ce que des centaines d'articles de presse et le téléfilm *Les Yeux dans les Bleus* ont glorifié… Ni de la victoire en ultime seconde lors du championnat d'Europe des Nations qui allait suivre, deux ans plus tard. Ni du nouveau titre de champion d'Europe des Clubs, remporté par le Real Madrid (nouvelle invasion de la fontaine de Cibeles) face à Valence, au Stade de France. On est là en plein dans l'univers du football qui ne manque ni de connaisseurs, ni de supporters, ni d'experts de terrain, ni de techniciens de salons, de chaises longues et de comptoirs.

Ce furent les années où Christian était à son apogée et où nous surfions au sommet de notre relation amoureuse.

1998 restera pour nous le millésime le plus intense de notre vie commune.

J'avais repris ma vie de mannequin globe-trotter, certes, mais chaque retour en Europe était rythmé par les folles clameurs du stade. À Madrid, comme à Paris.

Mais surtout, surtout…

Loin des spéculations de la presse « people », omniprésente en Espagne, et des gros titres des quotidiens sportifs à Madrid, « Marca *vs* As », jamais en reste d'un scoop polémique, Christian choisit la Corse pour faire sa déclaration la plus romantique et la plus solennelle. Sans lui rappeler la Nouvelle-Calédonie de ses racines, à vingt mille kilomètres de là, quittée dix ans plus tôt et où il reviendrait plus grand, plus fort, il aimait cette île corse à la forte identité où un « grand cousin » kanak l'avait précédé, balle au pied, à Bastia, un certain Zimako…

Sa demande en mariage me laissa KO d'amour, mais encore fallait-il, coutume oblige – nous avons aussi les nôtres en Slovaquie – obtenir le consentement de mes parents. Plutôt que d'attendre un feu vert de la part de mon père, c'est Juraj, mon grand-père tant aimé, qui lui accorda ma main.

Miroslav, mon père, en bon supporter de foot, n'en était pas moins flatté d'accueillir un champion du monde à sa table, mais je sentais le regard réprobateur de ses sœurs, mes tantes, qui murmuraient entre elles et assenaient quelques jugements expéditifs… « Elle ne pouvait pas nous ramener un Blanc, celle-là ! » Et autres amabilités d'un racisme primaire…

C'était mon heure de me marier.

J'avais 27 ans. Christian, le cinquième d'une fratrie de dix-sept enfants, allait fêter ses 28 ans en décembre.

Dans mon pays, où, sous la chape communiste la religion catholique a subi tous les interdits, Noël revêt une importance solennelle. Christian, de confession protestante, mais de conviction animiste, était mystique. Chez les Kanaks, le monde invisible des âmes errantes et des dieux omniprésents dans la nature transcende les croyances codifiées par les apôtres de toutes les religions.

Alors va pour décembre, mois du sacré qui m'emplissait de ferveur spirituelle.

Du mariage, « le plus beau jour de ma vie, alors », nous gardons plusieurs images fortes.

Choisir Porto-Vecchio n'était pas innocent. La cité campée au-dessus des îles Lavezzi, résume la fierté du caractère corse. Bonifacio en est l'autre sentinelle au sud. Christian a beaucoup d'affinités avec le peuple corse.

L'hôtel-restaurant joue avec les étoiles des guides gastronomiques, mais pour satisfaire aux exigences culinaires du clan de Christian (ils étaient quatre-vingts de son côté, six du mien), il fallait quand même réviser les recettes et ne pas oublier quelques plats et légumes qui leur rappelaient leur île de Lifou, en Océanie…

La petite église, un bijou rustique décoré d'ex-voto dédiés aux croyances mariales, résonnait de sublimes polyphonies dont le *Dio Vi Salve Regina*, entonné *a capella*, faisait frissonner jusqu'au dernier des mécréants.

La sortie de la mairie nous réserva bien des surprises. Je revois Christian, prêt à poser pour la photo officielle, en queue-de-pie gris perle, œillet blanc au côté et cravate azur, et moi, dans une robe blanche follement cintrée, digne des crinolines d'*Autant en emporte le vent*…

Mon agence avait conclu un contrat d'exclusivité avec *Paris Match*. Pas si simple à respecter. Vu le nombre d'appareils et de zooms braqués sur notre couple, il allait falloir ruser. Ainsi, alors qu'un beau soleil hivernal rayonnait sur Porto-Vecchio, des gardes du corps recrutés spécialement pour l'occasion, genre « gros bras » de séries télé, brandissaient des parapluies (pas des ombrelles !) plus grands qu'eux pour nous cacher d'une foultitude de photographes amateurs ; pour la plupart, il s'agissait d'habitants venus en curieux, en voisins, presque en amis… Cela me mettait mal à l'aise et gâchait l'atmosphère de fête.

Six mois plus tard, j'obtenais une nouvelle Une, mais pas en robe de mariée, avec la parution d'été du magazine *Photo*.

J'avais tapé dans l'œil du directeur Europe de l'agence Next, installée rue de Rivoli, à Paris, et fini par rompre avec Elite. Le credo artistique de Fabienne Martin, directrice d'images, me parlait. Elle voulait attirer « des personnalités audacieuses pour aborder le nouveau millénaire ». J'avais pris son mot d'ordre au bond.

Avec le photographe et directeur artistique suisse, Peter Knapp, Next venait de décrocher une campagne de pub autour de – et avec – Yves Saint Laurent. Karl Lagerfeld, à son tour, avait prêté son aura photographique à ma nouvelle agence. Aussi, quand celle-ci me proposa de retrouver le sable rose des plages des Bahamas, sept ou huit ans après mes débuts pour le catalogue des Trois Suisses, je ne me le fis pas dire deux fois.

« Sea, Sex & Sun » titrera le magazine, m'exposant parfaitement nue, le cheveu blond tombant jusqu'à la cambrure et les jambes nimbées de sable mouillé.

Sur ma fiche de présentation, les journalistes prendront plaisir à détailler mes mensurations : 89-59-90, et donneront cette précision : « Elle mesure 1,84 m dont 1,26 m de jambes, record mondial ! » *Photo* entérinait ainsi, publiquement, ce que le *Guinness Book des records* avait réservé à ses lecteurs : ma longueur de jambes inégalée. Ses experts étaient venus à l'agence. Ils avaient mis Nadja Auermann en compétition avec moi pour établir ce titre purement anecdotique destiné à faire le « buzz » dans le milieu.

Pour officialiser cette mesure, les jurés opèrent en deux temps. Ils notent scrupuleusement la longueur entre le sol et l'entrejambe.

Elles doivent être égales, à gauche et à droite. Mesure pour mesure, je vérifie « sur le tas » à quel point les jambes sont mises en avant par les « bookers » dans l'évaluation du pouvoir de séduction.

Mes retrouvailles avec les Bahamas, cet archipel déployé en mer des Caraïbes, signeront une exclusivité photo, doublée d'une petite révélation sur la longueur de mes jambes, mais, plus intéressant, le reportage me désignait sous mon nom de femme mariée – Adriana Karembeu –, une première alors dans la presse magazine.

Pour l'occasion, je retrouve aussi aux Bahamas le photographe américain Michael Zeppetello, un artiste si coté aux États-Unis que la comédienne Nastassja Kinski et le pasteur Jesse Jackson entouré de ses gardes du corps, ont frappé à la porte de son studio.

Nous nous étions rencontrés une première fois, en 1992, lorsque je m'appelais encore Adriana Sklenarikova, mannequin débutant courant les castings parisiens. Le retrouver à Harbour Island, sur la plage de Pink Sand, à qui l'île de poche doit ses atouts touristiques, artistiques et sa réputation de joyau, ne manquait pas de cachet.

Tous les grands photographes de mode du monde ont posé leur sac ici, au pied de leurs modèles. Ce n'est pas un hasard si Patrick Demarchelier, mais aussi Gilles Bensimon (de *Elle* à New York) et le directeur artistique Régis Pagniez, des hommes façonnés par Daniel Filipacchi, un patron de presse « à l'américaine », ont fait de Harbour Island leur port d'attache…

Moi je pose mes valises à l'hôtel Romora Bay, de l'autre côté des grandes plages, un endroit plutôt cosy, face à l'île d'Eleuthera, prisée des amateurs de safaris sous-marins.

Deux journées entre soleil de plomb et pluies tropicales suffiront à Zeppetello, qui fut le premier assistant d'Irving Penn, une référence, pour *shooter* notre reportage.

Je suis encore loin de céder aux propositions avant-gardistes de Gérard Rancinan. C'est donc sous un haut de Betsey Johnson et un string Calvin Klein, plus ou moins dissimulé à la vue par un subtil croisement de jambes, de côté, que j'apparais en ouverture du sujet. Si ma pose est sexy, alanguie sur un tronc d'arbre, je le fais en maillot de bain Chanel une pièce. Je troque bientôt le bikini à l'imprimé félin de Dior pour un modèle noir classique d'Hermès.

Michael a de l'imagination. Il entend réaliser avec moi la scène mythique dans laquelle Ursula Andress sort de la mer dans un vieux *James Bond*. Va pour un remake décontracté de *007 contre Dr No*. Un magnifique maillot argenté signé Ralph Lauren fera son bonheur. Mais pour la photo de nu qui fera la Une, pas question de courir le risque d'être observée, voire repérée par un paparazzo de passage, même amateur. Pour déjouer toute ingérence et la moindre menace de voyeurisme, il m'emmène sur un îlot désert, qui porte le nom étrange d'Isle of Man, l'île de l'homme, ce qui ouvre l'imagination à toutes les spéculations possibles...

Mon homme à moi, mon Christian, est omniprésent dans mes pensées. Même nue, mais toujours dans une pose décente, je présente ma main gauche grande ouverte face à l'objectif de Michael. À mon annulaire on remarque, en un coup d'œil, mon alliance. Mon premier signe – extérieur – de richesse. Du cœur.

7

Adios Madrid ! Et par « *la puerta grande* », comme on dit aux arènes de Séville… Le départ de Christian se célèbre sur une dernière (grosse) victoire et pas des moindres : une nouvelle *Champion's League* pour le Real… *Adios Madrid*, par la grande porte, donc.

Avant de boucler ses valises pour l'Angleterre, sa future destination de joueur à Middlesbrough – et donc la mienne –, Christian décide d'aller se ressourcer en Nouvelle-Calédonie, l'île de ses aïeux. Nous mettons le cap sur son île, Lifou, la plus grande des îles Loyauté. Là où il est né.

J'aime l'entendre évoquer ce nom de Loyauté qui colle si bien à sa personnalité.

S'y ressourcer est bien le mot. Le respect des racines, donc des sources de la vie, n'est pas une bagatelle là-bas. Comme aux Fidji, aux Vanuatu, aux Salomon, aux Tonga, à Samoa et pour tous les peuples mélanésiens qui vivent dans les îles d'Océanie, on ne transige pas avec les valeurs ancestrales. Deux exemples m'impressionnent : les signes qu'on lit dans le tonnerre (la « colère du ciel » !), ou une tempête qui perturbe soudain la ligne d'horizon rythment la vie de la communauté. Et il y en a bien d'autres dessinant un pays aux mille magies (et quelques sortilèges)...

Cette culture m'intrigue. Elle attise ma curiosité.

Chaque avatar de la nature prend une signification particulière sous les tropiques.

En attendant que Christian m'initie aux traditions communautaires ou qu'il m'explique le polythéisme, omniprésent dans la mystique de ces peuples de la mer, je ne me lasse pas de sillonner en tous sens la carte de l'Océanie. Ces « confettis » de terre jetés comme des perles coralliennes dans le plus vaste des océans me laissent rêveuse, moi la Slave pour qui les lacs de mon pays étaient le seul horizon « marin ».

Christian se montre intarissable à l'évocation de sa terre vivifiée par le sang des morts. La terre respire aussi son propre « terroir ». En Nouvelle-Calédonie, on se revendique naturellement de son fief, selon que l'on vienne d'Ouvéa, de Lifou, de Maré, ces trois provinces maritimes qui composent le bouquet des îles Loyauté. Les autres fiefs traversent les brousses de la province nord ou les forêts du sud qui partagent « la Grande Terre ». En toutes circonstances, on se rapporte d'abord et surtout à son clan... On se réclame plus rarement de Nouméa même, sauf les Européens, car la capitale et son Hôtel du gouvernement forment une autre société, un monde où « le kanak à la ville », même petite, même « à taille humaine », se sent plutôt de passage.

Au-delà de la Grande Terre, chaque vallon, chaque ria de mer, signe, au contraire, une appartenance tribale séculaire.

Le Conseil des anciens, clan fondateur par clan fondateur, tribu par tribu, chefferie par chefferie, veille à la survie des usages pour le bien-être de tous. J'assimile tout cela assez vite, c'est mon devoir d'épouse venue d'ailleurs, et j'aime ça, car j'ai un vrai goût pour ce qui est authentique.

Je me sens privilégiée de pouvoir m'inscrire bientôt dans une chaîne où la notion de legs familial et de partage collectif est primordiale. Ici la terre n'est pas « à vendre », elle se transmet de génération en génération. Les Kanaks ne sont habités par aucun désir matériel ; à mes yeux de Slovaque grandie à l'ombre du Rideau de fer, où nous n'avions rien et où l'accès à la moindre propriété deviendra pour moi une victoire sur la fatalité, cet univers où l'on respecte avant tout l'énergie des lieux et des êtres a de quoi dérouter… Chemin faisant, j'apprendrai même qu'il est conseillé, sur certains sentiers de brousse, de multiplier les détours afin de ne pas « déranger » des esprits errants.

Christian n'est pas de nature bavarde. Il est un peu taciturne. Le fait de se retrouver en immersion dans son univers intime l'incite à se replier davantage sur lui-même. Néanmoins, il m'explique, avant tout, que les pratiques canaques se transmettent par la parole.

Cette civilisation de l'oralité régit la vie des groupes. Un certain nombre de cérémonies, dont « La Coutume », longtemps déconsidérée par l'ancienne administration, forge l'expression identitaire. À moi de m'y plier, avec entrain, bonne humeur, respect et volupté.

Dans cette organisation fortement ritualisée, mon arrivée, celle d'une grande blonde pendue au bras de Christian à l'aéroport de Magenta, a de quoi créer l'émoi en pays kanak... Je devrais dire « pays calédonien », mais suis impatiente de franchir les étapes les plus authentiques de ce territoire du bout du monde, dont la capitale, trop proprette, ne dévoile pas toutes les richesses. Je souhaite découvrir au plus tôt l'intimité de son monde à lui, au-delà du décor « de carte postale » et des palétuviers qui couronnent la baie de Chateaubriand, à Wé, sur Lifou, qu'il m'a montrée maintes fois en photos.

Ce matin, c'est Nouméa et l'hôtel Méridien, une escale classique pour les voyageurs. La ville, ouverte sur la mer, respire la nature et le calme « provincial », malgré les énormes 4 × 4 qui envahissent la place des Cocos, réveillent les beaux quartiers aux maisons coloniales, slaloment entre les baies dans une atmosphère de fête.

L'annonce de notre arrivée, même matinale, l'avion se posant peu après le lever du soleil, a mobilisé les curieux. Lifou, et son village natal, c'est pour demain.

Loin des clivages et des tensions d'hier entre Kanaks séparatistes et Caldoches « loyalistes » – on me glisse que le mot « Caldoche » est mal vu et fait très « métropolitain » –, son titre de champion du monde « pour la France » vaut bien toutes les *Marseillaise* ; en outre, la Légion d'honneur épinglée au revers de son veston par le président Chirac le fait passer, non sans cérémonie, du ruban rouge élyséen au tapis rouge de l'hôtel du « gouverneur ». Ironie de l'Histoire, celui-ci est installé, comme par malice, rue des Artifices, à Nouméa, quartier de l'Artillerie !

J'étais donc pressée d'échapper au protocole, passage obligé en la circonstance, pour gagner au plus vite la réception traditionnelle, forcément moins guindée, préparée affectueusement par les siens pour nous accueillir en jeunes mariés.

Nous passons rapidement en voiture devant le lycée où il a suivi sa scolarité, dans le quartier de la Vallée des Colons. Entre les devoirs de français, sa matière de prédilection, la cour d'école l'a vu dribbler tous les copains balle au pied... Enfin, nous voici installés, moi côté hublot, dans le petit avion d'Air Calédonie qui nous déposera à Wanaham, l'aéro-club de Wé, sur Lifou.

J'avais longuement scruté la carte qui permet d'embrasser d'un regard les îles du Sud Pacifique. À ma grande surprise, et en balayant l'océan du regard à 180 degrés, j'avais remarqué que Santiago du Chili semblait se trouver sur

« Un si joli bébé », disait ma mère. J'ai 10 mois.

Mon père a construit un immense bonhomme de neige. J'en ai peur.
Je me réfugie dans les bras de ma mère.

Mon père me porte sur ses épaules.

Avec ma petite sœur Natalia à Banska Bystrica. Mon père n'arrêtait pas de nous prendre en photo.

Quartier Sidlisko, celui des HLM (un luxe pour l'époque et le pays). Veille de rentrée des classes. Ma mère nous a habillées, Natalia et moi, et coupé les cheveux.

Dernière photo avec des cheveux aussi longs. Ma mère a conservé ma tresse dans un linge et la sort de temps en temps.

J'ai 2 ans. Ma mère m'a fait des couettes. J'ai gardé intact le souvenir de ces vêtements.

J'adore mes grands-parents, Juraj et Zlatica, ici en visite à Banska Bystrica.
J'ai toujours le tablier de ma grand-mère.

Ma première robe blanche : c'était pour la finale d'un concours de danse au *gymnazium*.

En maillot de bain, je réplique le mouvement bien connu des gymnastes, en me hissant sur la pointe des pieds.

Maillot de bain toujours,
mais aux Bahamas, cette fois.

Premier voyage à Miami et pose sexy au milieu de mannequins hommes bodybuildés, portant des lunettes d'« intellos ». Un jeu.

Teinte en brune, je défile pour le créateur Thierry Mugler, amateur de mises en scène spectaculaires.

Pour Wonderbra, je clamais : « Je ne sais pas cuisiner. Et alors ? » J'ai refait la pose avec les cuisiniers du Jad Mahal à Marrakech. Aram, lui, aime ma cuisine...

Avec ma sœur Natalia, devant la Ferrari prêtée par le garage de Chantilly pour le Rallye des Princesses 2014.

La célèbre scène avec Jamel Debbouze lors de la cérémonie des Césars sur Canal + en 1999.

Agecanonix, joué par Sim, dans le film *Astérix aux Jeux olympiques*.
Un petit homme délicieux. Il dessinait des croquis à mon intention sur le tournage.

Page de droite : lors du Festival de Cannes,
j'arbore une parure d'émeraudes taillées,
non serties, signée Fawaz Gruosi (De Grisogono).

Mon plus beau souvenir avec Tarzan, mon bichon maltais,
fidèle parmi les fidèles pendant tant d'années... parti à l'été 2014.

Déjeuner à Saint-Tropez peu après un Rallye des Gazelles.
Encore une très belle photo de Philippe Doignon.

Tous pour la quête en faveur de la Croix-Rouge.
De gauche à droite : Bernard Montiel, Bernard Yerlès, Marc-Olivier Fogiel et, devant, Nicole Calfan.

Croix-Rouge toujours : Luna, la fille de Marie Ménager, alors mon agent, et une de ses copines.

Visite de la Case aux enfants en Côte d'Ivoire pour la fondation Children of Africa avec Ira von Fürstenberg, Alain Delon et Dominique Ouattara, présidente de la fondation.

Visite de l'école Croissant-Rouge à Zinder au Niger.

Drapeau en main, je donne le départ du Rallye des Gazelles, en 2008.

L'avion à l'effigie d'Adriana.

En 1997 je pose pour la photographe Marianne Rosenstiehl.

Au Palais Rhoul, à Marrakech. Dans deux heures, Aram et moi y recevrons cent vingt invités pour notre soirée de noces...

Cette photo de Philippe Doignon est un chef-d'œuvre.
Je ne lui ai accordé que quelques secondes à Cannes entre deux télés…

la même latitude qu'Auckland, en Nouvelle-Zélande, et Sydney, en Australie…

Je m'en amusai : « *A small world, after all !* »

Je m'amusais aussi, crayon en main, à calculer les distances séparant la Polynésie et les Marquises de toute la Mélanésie… J'adore parcourir les planisphères, comme je le faisais, naguère, à l'Université Charles de Prague. Je suis toujours, d'ailleurs, une grande adepte des cartes routières ou marines qui permettent d'imaginer de grandes évasions, de beaux voyages…

Cette fois, j'entrais dans une sorte de « micro-zoning » aérien survolant d'abord l'anse des Citrons ou celle de Vata – Christian lui-même hésitait à les identifier – à la sortie de Nouméa, le temps d'admirer à basse altitude quelques piroguiers en action, puis de voir s'éloigner des plaines mangées par la mangrove le long des estuaires. Au-delà des baies sablonneuses, passes et îlots, les réserves marines échelonnées contre la Grande Terre font une tache plus sombre, d'un bleu profond, dans l'eau turquoise.

La plus grande surprise restait à venir en se posant à Wé : devoir dialoguer en drehu, la langue locale, l'un des trente dialectes de l'archipel ! Je me réjouissais à peine de mes rapides progrès en français, et soudainement j'étais projetée vers une nouvelle découverte linguistique… Cet examen de passage n'était qu'un jeu, bien sûr. Par défi, je me contenterai de répondre à quelques exercices de prononciation, comme les salutations élémentaires :

bozu pour bonjour et *ba-baille* pour au revoir. J'appris aussi par la même occasion que les visiteurs non avertis qui font répéter les mots et tendent l'oreille pour les comprendre sont aussitôt qualifiés de « zoreilles » par leurs hôtes un rien moqueurs. Aussi je m'appliquai à répéter les phrases toutes faites de bienvenue…

Je rêvais de cheminer à travers les sentiers coutumiers jalonnés de cases rondes en paille, surmontés de la flèche faîtière traditionnelle. De l'art populaire kanak authentique. Le plus intrigant consistait à décrypter la signification des sculptures sur bois, les chambranles, situées des deux côtés de l'entrée des cases. Elles représentent souvent les ancêtres mais aussi de mystérieux motifs, longtemps combattus par les évangélistes de toutes sectes, en raison d'évocations animistes parfois soulignées d'une touche sensuelle.

À en croire Christian, « le Chemin des diables » au nord-est de l'île en fut le conservatoire mystique. Les initiés y lisent des signes, souvent très anciens, cochés sur le tronc d'arbres centenaires, au cœur de la nature par exemple. Des codes ? Un langage spirituel ? Cela échappait aux profanes, comme moi. Je ne cherchais pas à m'aventurer sur ce terrain-là, même si ma curiosité et mon respect pour les liens ancestraux attisaient mon attirance pour la culture kanak et, plus généralement, celle des peuples premiers, par exemple celle des Indiens d'Amazonie.

Hélas, beaucoup de ces cases idéalisées dans ma tête ont été remplacées par des constructions rectangulaires en torchis ou en tôle, signe d'une modernité plus confortable.

Heureusement, le paysage est « à tomber ». La route de la tribu de Nang, l'une des dix-sept du district coutumier de Wetr, regorge d'hibiscus et de bougainvillées, donnant à la nature un air de fête des fleurs.

Descendre de voiture n'est pas une mince affaire pour nous. Surgis des champs d'avocatiers ou des vanilleraies voisines, des « cheveux d'ange » tombant en lianes, des gamins s'agglutinent, avant de nous escorter en chantant vers « la case commune ».

Je suis couverte de colliers de fleurs, notamment d'hibiscus flamboyants : signe du meilleur accueil. On se bouscule pour m'embrasser, on m'enserre par la taille, comme pour vérifier que je ne suis pas une poupée de cire, ni une apparition fugitive.

Forcément « la coutume » a ses règles.

Christian m'en a donné les codes. Même prononcés en drehu, incompréhensible pour moi, j'en ressens la solennité. À nos pieds, une natte posée à même le sol n'attend plus que d'être recouverte de présents. Je me sens observée, tous les regards, parents, frères, sœurs, oncles, tantes, cousins, voisins, sont braqués sur moi… La plupart d'ailleurs s'étaient déplacées en masse, tant pour la Coupe du monde – ils résidaient à Nantes où Christian avait en son temps possédé une maison – que pour notre mariage à Porto-Vecchio. J'avais posé en robe bleutée, pour la photo « de famille » parmi mes nouvelles belles-sœurs et cousines réunies autour d'Hudrenie, la mère de Christian.

En attendant, je m'empresse de déposer quelques « manous », des pièces de tissu coloré de cinq mètres de long, dont les femmes feront des robes popinées, très courantes là-bas. Christian dispose ses propres cadeaux : des cigarettes, quelques billets de 1 000 et 5 000 francs pacifiques à l'effigie de quelque héros insulaire (1 € vaut 120 cfp, on imagine ce que pèsent 500 €), des ignames, ce gros légume à l'étrange signification mythique, tantôt « mâle », tantôt « femelle », dont le cycle et la récolte rythment les repas de fête et des letchis fondants et sucrés.

En retour, il reçoit surtout des listes de cadeaux à ramener dans l'île. Dans la culture mélanésienne, la richesse matérielle se décline dans l'art du partage : avec les siens d'abord, les plus démunis ensuite.

Quelques danses sifflent la fin du rite, mais celui-ci prend une autre dimension lors du repas.

Je n'ai pas encore la notion des mets qui garniront la table, même si je sais qu'il y aura du pigeon vert, protégé mais chassé, de la roussette, une grosse chauve-souris, des araignées de mer, des patates douces, des mangues, des papayes et des pommes cannelles. La table est abondamment garnie. Sous les pierres chaudes, mijotent les ragoûts de roussettes, les bougnas d'ignames et les rougails à servir en cari.

L'acte deux de « La Coutume » passe par le déjeuner en commun. Il commence par l'invocation des aïeux. Le plus ancien prend la parole. On l'écoute en silence, dans un respect teinté de religiosité. Tous les convives se répondent tour à tour. Christian n'échappe pas à la règle. Nul ne se regarde tandis que les paroles coulent en flots quasiment ininterrompus. Un déjeuner peut durer trois heures. Parfois quatre. Il m'arrivait de me détacher du groupe et de partir à la nage dans les eaux cristallines du lagon. Je me retrouvais souvent seule. Des gamins, dissimulés à ma vue dans la mangrove, m'observaient de loin et je ne m'aventurais guère vers le large.

Christian, qui aime nager lui aussi, m'avait mise en garde contre les dangers de la plage. Le poisson pierre, dont la tête est hérissée d'épines venimeuses se fond sur les roches ; son venin peut être mortel. Et comment ne pas se méfier des « tricots rayés », de vrais serpents de mer, à la peau striée de noir et de jaune, tout aussi dangereux !

Mais déjà venait le jour d'une nouvelle « coutume ». Celle du départ sous les colliers de coquillages, symbole de l'au revoir.

De cette époque, restent de très heureux souvenirs. Je n'ai pas assisté à la formidable séance de photos accordée par Christian à Gérard Rancinan en 2007, mais les résultats parlent d'eux-mêmes. Des chefs-d'œuvre. L'idée de faire de Christian un « ambassadeur » de la Nouvelle-Calédonie n'est pas de lui, mais des responsables du tourisme calédonien, en quête d'une figure de proue. Il en est alors le plus célèbre. Beaucoup d'Australiens vont à Bali, nombre de Néo-Zélandais mettent le cap sur les îles anglophones d'Océanie, telles les îles Cook. Sans doute sont-ils plus sensibles à l'image d'un joueur de rugby qu'à celle d'un footballeur, surtout côté All Blacks, où les athlètes maoris, comme Jonah Lomu, l'ancien ailier, sont vénérés comme des idoles… Vouloir jouer à Nouméa la carte d'un champion de foot, même neuf ans après le titre, n'est pas vraiment une vue de l'esprit. En 2005, déjà, la Fédération internationale de football, l'avait choisi comme « ambassadeur en Océanie ».

Séduit, Christian joue encore le jeu, deux ans plus tard donc, mais il le fait à sa manière, c'est-à-dire en choisissant un photographe de mode et de grand reportage reconnu, aux idées « décalées », celui-là même qui s'amusa à me dénuder sous la cornette d'une surréaliste bonne sœur en 2002…

Bref, d'ambassadeur de Nouvelle-Calédonie, il se fait ambassadeur de la « Kanaky », posant en guerrier d'autrefois, muscles bombés, pour un calendrier unique, tiré à deux mille exemplaires. Grimé, revêtant des colliers tribaux, recouvert de sable doré, recroquevillé, nu, en position fœtale contre les rochers, il dépasse les clichés attendus d'une île paradisiaque pour prêter sa beauté mystérieuse et raconter la culture océanienne, celle de la fusion d'un homme et de sa terre.

D'un calendrier à tirage limité pour VIP, il fait un hymne à l'authenticité.

Je reviendrai plus tard en Nouvelle-Calédonie, notamment pour participer au jubilé d'honneur donné en 2008 pour Christian par ses copains champions du monde, l'équipe sacrée dix ans plus tôt, avec Zidane. Sous la casquette rouge frappée du nom « Karembeu », littéralement « l'homme en colère » en drehu, je m'inscrirai dans le sillage d'Aimé Jacquet, Zinedine Zidane, Laurent Blanc, Robert Pirès, Bixente Lizarazu, Frank Lebœuf, Youri Djorkaeff, tous champions du monde en 1998. Certes, je n'allais pas en faire trop pour les autres figures d'Océanie, Pascal Vahirua, le Tahitien – presque un cousin – que Christian avait connu à Nantes, et qui fêtait ses buts en imitant le mouvement du pagayeur polynésien, ni Antoine Kombouaré, autre « Nantais » et grand frère venu lui aussi en Bretagne depuis la Nouvelle-Calédonie. Même Sepp Blatter, le matois président de la FIFA, était venu pour l'occasion. Tout champions du monde, « VIP » qu'ils fussent, ou simples internationaux, ce qui n'était pas si mal, ils devraient à leur tour se soumettre à « La Coutume ».

Reparler de cet événement me fait toujours chaud au cœur. On honore souvent les grands joueurs par ce genre d'hommage. Dans « jubilé », il y a jubilatoire, un mot qui sent la fête et le partage. Beaucoup sont accueillis par leur ancien club ; le public les applaudit, leur offre un dernier coup de chapeau, dans les stades où ils ont bâti leur gloire. Le « jubilé » de Christian aurait pu se jouer à Nantes, à Gênes, à Athènes ! Mais non, il s'est déroulé dans son pays, un cadeau magnifique pour sa famille, ses amis et pour lui qui le méritait tant. Que tant d'anciens champions aient tenu à participer à la fête, que le président de la Fédération internationale, lui-même, soit venu sur ses terres, me bouleverse encore. J'en garde une certaine fierté pour Christian, lui, par ailleurs, si modeste.

8

Bien des mannequins, telle Grace Jones, ont rêvé de tourner pour le cinéma. Et beaucoup l'ont fait.

Je revois encore l'inclassable et rageuse Jamaïcaine photographiée par son compagnon Jean-Paul Goude, célèbre pour ses pubs, ses photos et ses campagnes pour les Galeries Lafayette, Orangina, La Poste, Kodak ou Chanel. Grace Jones, enfermée dans une cage comme une panthère… Une photo d'école qui avait servi de couverture au livre *Jungle Fever* !

Je la vois surtout au cœur des années quatre-vingt, dans *Vamp*, un film qui lui collait à la peau ou dans *Conan The Destroyer*. Des seconds rôles certes, mais des vrais. Elle n'était pas qu'un faire-valoir.

Sa discographie est plus riche, naturellement, puisque avant d'être « faite par Goude », comme Vadim créa la femme Brigitte Bardot, elle avait débuté par la chanson. Sa reprise tropicale de *La Vie en rose* d'Édith Piaf a connu un succès foudroyant et l'a sacrée reine glamour du disco sexy.

Faute d'avoir trouvé mon Vadim ou mon Godard, j'ai tout de même répondu à mon tour – et plus d'une fois – au fameux « Silence, on tourne » du metteur en scène.

La première fois, c'était en compagnie de Gérard Jugnot, en 2004, pour une comédie, non sans morale, signée Jean-Loup Hubert.

Ce réalisateur vient de Nantes, une ville que j'avais découverte après ma rencontre avec Christian. J'apprendrais à la découvrir, après ma rencontre avec Christian, deux ans plus tard.

Comme tout Nantais, Hubert est familier des clameurs du stade Marcel-Saupin, car la renommée des Canaris, le surnom des joueurs à maillot jaune et vert, couleur Brésil, dont j'apprendrai à saluer les exploits grâce à Christian, fait partie de la chronique locale. Même sans les suivre de près, ni coller à leur actualité, il sait forcément tout de l'équipe qui fera entrer Christian au *Livre des records* grâce au plus grand nombre de victoires remportées consécutivement par un club français. Nous y sommes toujours tous les deux, d'ailleurs, lui pour le foot, moi pour ma longueur de jambes. Amusant !

Les premiers films de Jean-Loup Hubert avaient pour titre *La Reine blanche*, dont le cadre, un café guinguette posé sur un bras de Loire à Trentemoult, aux portes de Nantes, mettait en scène une reine de la mi-carême, ce carnaval de printemps, et une jolie rivale antillaise sur fond de mariage mixte ; ou encore *À cause d'elle*, une version moderne des *Choses de la vie,* sur fond d'amour contrarié, comme toujours chez lui, et de rock'n'roll ; il y avait aussi *Marthe,* ramenant le spectateur à l'univers des tranchées de la Grande Guerre… Un autre thème, beaucoup plus grave, un autre public. Le grand chemin lui avait apporté une certaine célébrité.

Hubert flirtait avec la cinquantaine. Il s'était fait un petit nom entre les années quatre-vingt et la fin des années quatre-vingt-dix. Ses films rassemblaient un public d'amateurs de films de genre. On n'était pas dans le *blockbuster,* mais plutôt dans le travail bien pensé, emportant l'adhésion des cinéphiles.

Il n'avait pas tourné depuis cinq ans, or la caméra le démangeait à nouveau. J'y voyais un heureux présage.

Assez rapidement, son scénario m'avait touchée. J'avais déjà été approchée par le cinéma, depuis une apparition fugace dans un sketch de la mini-série *Un gars, une fille,* tourné pour la télévision. Pour une fois, on ne me proposait pas de jouer au mannequin (ce que le metteur en scène américain, Robert Altman, a fait) de manière spectaculaire ou outrancière. J'y reviendrai.

Gérard Jugnot, homme de raison plutôt mature, et moi, compagne sexy encore jeune, entre deux générations, devons alors retrouver trois ados fugueuses, Pauline, Lilia, Lucie, d'où le titre : *Trois Petites Filles,* parties à la recherche de leur idole, Johnny Depp, et les ramener dans le « droit » chemin.

Mon personnage de gogo-girl n'était pas artificiel. En Laetitia, j'incarnais une femme libre, cabossée par la vie, un rôle que beaucoup de femmes, mariées ou non, apprécient, car elles peuvent à la fois jouer de leur liberté vis-à-vis des hommes et tenir un langage de vérité. Le réalisateur m'y a vue tout de suite, comme si je sortais, à ses yeux, d'une sélection gagnante de candidates au Crazy Horse Saloon.

Gérard Jugnot, alias Paolo, mon mari manager, apprécie le casting. Nous ne nous posons pas de question : va pour le « clap ! ».

C'est la première fois que je retrouvais la Corse avec ses paysages d'une pure beauté. Un bonheur décuplé par le souvenir de mon mariage avec Christian, un peu avant Noël, en 1998.

Bien sûr, le film se termine bien : les ados, impressionnées par la révélation que mon personnage a accouché sous X – la touche sociétale –, me confient spontanément leur mal-être ; dès lors, une sorte d'instinct maternel prend le dessus : « Happy End. »

Dire du film qu'il fit exploser le box-office serait mentir, mais il a reçu de bonnes critiques. Pas si mal pour mes débuts ! Les commentateurs ne s'attardaient pas seulement sur ma plastique, exhibée pour ce rôle de gogo-danseuse en tournée ; certains louangeaient même gentiment mon interprétation « au naturel ». Je ne voulais pas que mon personnage ne soit qu'une bimbo. Cela m'encourageait à y croire, donc à poursuivre l'expérience.

Pour la première fois, je n'avais pu maîtriser mon image, comme on le fait habituellement à l'issue d'une séance photos. Au cinéma, il faut se lâcher, accorder sa confiance. Le résultat est entre les mains du réalisateur. Quand je me suis vue à l'écran en séance privée, je n'ai pu réprimer une petite gêne dès les premières images et puis, finalement, pour une débutante, dont le nom faisait un peu signature de *sparring partner* à côté de Gérard Jugnot, ce n'était pas si mal.

Quand on m'appela pour apparaître dans *Prêt-à-porter*, le long-métrage de Robert Altman tourné pendant la Semaine de la mode à Paris, je me sentis assez flattée, compte tenu de la flamboyante distribution qu'il s'apprêtait à diriger.

Dire que le synopsis fondé sur le décès du président de la Chambre syndicale de la mode, bizarrement étouffé dans sa voiture par un sandwich au jambon, ait eu de quoi aimanter la critique serait exagéré... Il était plutôt fait pour railler que pour rallier. Altman n'est pas à une acidité près. Son *Nashville*, caricature du petit monde de la country music, à cheval sur ses riffs et Stetson, et surtout ses *Short Cuts*, adaptés de Raymond Carver, mettant en scène une dizaine de couples improbables à Los Angeles, signaient une sorte de prologue au projet *Prêt-à-porter*.

Pour beaucoup, ce qui attirait l'attention, c'était d'abord le plateau d'acteurs internationaux : Marcello Mastroianni, Sophia Loren,

Kim Basinger, Julia Roberts, Lauren Bacall, même pour des rôles de passage, encadrés par tout ce qui compose une certaine « société du spectacle ».

Je revois encore Kim Basinger, un ex-top model, elle aussi, comme Cameron Diaz, s'asseyant à mes côtés en découvrant son texte. Elle jouait une journaliste névrosée et se montrait assez stressée. Et j'entends encore Mastroianni me complimenter pour ma fraîcheur.

Derrière ce carré d'actrices de renom – je reverrai toujours Sophia Loren sous un immense chapeau rouge « parasol » –, un casting de dingue mettait le puzzle en place. Au hasard, je citerai Jean-Pierre Cassel, inimitable danseur de claquettes par ailleurs, Harry Belafonte, David Copperfield, le prestidigitateur de Las Vegas, tombé, lors d'un tour de magie, dans les bras de Claudia Schiffer, ma consœur très en vue des podiums et de la presse magazine.

Interprétant leur propre rôle à la ville, on reconnaissait les couturiers Montana et Thierry Mugler, les stylistes Sonia Rykiel, Jean-Paul Gaultier, Gianfranco Ferré... Le tout, mis en musique par Michel Legrand, le compositeur aux trois Oscars !

Altman aurait pu en rester là, mais... Suivant son idée de caricaturer la Semaine de la mode, il pimente à l'envi le scénario, croquant trois rédactrices rivales de la presse féminine s'amourachant du même photographe à gueule d'amour, tandis qu'une reporter télé se bat pour sa propre bobine.

En guise de bouquet final, dans le décor glauque d'une station de métro parisien, il met en scène une audacieuse parade de mannequins en nu intégral, qui fera l'affiche attrape-« voyeurs » ; tout le contraire, donc, d'un défilé haute couture ou même de prêt-à-porter. Moi qui connaissais les coulisses, les exigences des créateurs, l'attente du public, celle des critiques de presse et l'enjeu général de ces événements, je trouvais le décalage flagrant entre la réalité que nous vivions et la fiction mise en scène.

Sa vision tenait pour beaucoup des fantasmes du photographe Helmut Newton qui les réunira, plus tard, dans son livre *Work*... Je ne serai pas du tableau final crûment évocateur, celui d'un vaudeville parodique voulu par Robert Altman avec le gratin des tops : Linda Evangelista, Naomi Campbell, Carla Bruni, Christy Turlington et, bien sûr, Claudia Schiffer...

Claudia et moi sommes du même âge, à un été près.

Outre les couvertures de magazines internationaux que sa liaison avec David Copperfield a suscitées, cinq ans durant, elle a tourné dans une vingtaine de films, et donné la réplique à Béatrice Dalle dans *The Blackout* – l'ange et le démon, la blonde et la brune sulfureuse –, montant les marches du Festival de Cannes, en 1997, au bras d'Abel Ferrara.

Claudia n'a pas vraiment persévéré, malgré de nombreuses apparitions sur grand écran, mais son bagage au cinéma n'est pas si pauvre qu'on aime à le dire parfois. C'est si facile de se moquer des mannequins.

Beaucoup pensent, en effet, que les tops sont faites pour les strass et les paillettes, qu'elles savent marcher sur un podium, mettre en valeur les plus belles robes, mais ne doivent pas sortir de ce scénario bien réglé. Une opinion bien expéditive...

Peut-être Cindy Crawford ou Elle Macpherson qui se sont essayées, elles aussi, au cinéma, n'ont-elles pas voulu insister et s'investir dans une seconde carrière. Elles auraient pu, surtout Elle Macpherson. Pour un peu, j'ajouterais : elle aurait dû, mais à chacun sa vie, ses choix, ses doutes et ses challenges.

D'autres, en revanche, ont relevé le défi avec bonheur.

Qui, par exemple, se souvient des premiers pas de Cameron Diaz pour Elite à l'orée des années quatre-vingt-dix ? Si un « casteur » de l'agence n'avait pas croisé le producteur de *The Mask*, en 1992, elle aurait sans doute continué à embellir de sa présence quelques *fashion weeks* new-yorkaises sans jamais franchir la barrière d'un véritable casting. Celui-là, au moins, lui aura permis de tenir un rôle important face à Jim Carrey, dans un film qui a pulvérisé des records au box-office.

Les admirateurs de Cameron Diaz savent qu'elle a énormément bossé pour décrocher le rôle et que, avant de signer, elle a suivi des cours de comédie, nuit et jour... Il n'est pas étonnant, après avoir misé sur les circuits indépendants, qu'elle ait rapidement su imposer son nom sur de fortes affiches. Avant la sortie en salle de *Charlie et les drôles de dames*, les mensuels de cinéma, tels que *Première* en France et aux États-Unis, se disputaient les photos de couverture de Cameron face aux hebdos *People* ou *Paris Match*... Lucy Liu, actrice asiatique, son ennemie virtuelle à l'écran, en profitera, bien calée dans son sillage, pour partager les séances photos et tirer avantage de leurs luttes à grand spectacle qui faisait vibrer les plus férus amateurs d'arts martiaux et de sabres japonais.

La retrouver en épouse hystérique dans *Very Bad Things* ou sous la baguette de Scorsese dans *Gangs Of New York*, aux côtés de Di Caprio, n'est pas une surprise pour moi. Le talent, c'est de savoir entrer dans la peau des autres, y compris, à sa façon bien féline, dans celle de « John Malkovich ».

J'en dirai autant de Charlize Theron, muse de Dior, qui reçut l'Oscar de la meilleure actrice pour sa participation dans *Monster*, un film très dur, mêlant drogue, meurtre et prostitution. Avant de devenir citoyenne américaine, Charlize, poussée par sa mère, elle-même confrontée à la violence auprès d'un mari alcoolique, démarra sa carrière en remportant, à 16 ans, l'International New Model, à Milan, un concours pour mannequins débutantes. Son Oscar lui vaut d'être « citoyenne d'honneur » en Afrique du Sud, son pays d'origine, une distinction remise par Nelson Mandela lui-même, et d'avoir son étoile, à vie, au *Hollywood Walk Of Fame*, le trottoir de la gloire...

Comment ne pas rappeler, non plus, les débuts de Diane Kruger, elle aussi top model, bientôt épouse de l'acteur Guillaume Canet. Elle sera l'héroïne de *Troie*, un péplum international. Cette allégorie de la Grèce antique la voit interpréter la vie d'Hélène, reine de Sparte. Elle est enlevée par Pâris, ce qui déclenche une guerre fratricide où Hector finira sauvagement vaincu au pied d'Achille, joué par un impitoyable Brad Pitt. Un rôle capital.

Je pense aussi à l'Ukrainienne (de naissance) Milla Jovovich, devenue américaine. Égérie de L'Oréal, déjà révélée au cinéma avec *Le Cinquième Élément* aux côtés de Bruce Willis, elle tourna un intimidant *Jeanne d'Arc*, sous la direction de Luc Besson, devenu son mari entre-temps. La voir monter les marches à Cannes faisait oublier ses podiums de jeunesse, sans les gommer pour autant.

Et que dire de Laetitia Casta, comédienne attendrissante depuis *La Jeune Fille et les Loups* jusqu'à *La Bicyclette bleue* que l'on a encore applaudie récemment en s'aventurant *Sous les jupes des filles* ?

Quant à l'Italienne Monica Bellucci, un vrai sex-symbol, elle est passée assez jeune des podiums et des pubs Dior à *L'Appartement*, film où elle rencontra son futur mari, Vincent Cassel, au point de faire oublier ses débuts chez Elite.

Rien qu'entre 1990, où elle se lança dans la mode, et 2005, où elle entra comme membre du jury au Festival de Cannes, elle comptait déjà une quarantaine de films à son palmarès et pas des productions de série B, loin de là.

Et je n'oublie pas, enfin, Estelle Lefébure, revenue en 2009 pour un long-métrage, *Le Bal des actrices*, de Maïwenn, où elle s'imposa, radieuse.

Ce petit défilé, façon *fashion week*, permet de comprendre pourquoi tant d'adolescentes, éblouies par les studios de la gloire, ont ces modèles pour… modèles. Ces mannequins de renom ont parfaitement réussi leur virage, alors que le destin éphémère des tops semblait les condamner à d'éternelles séances de photos, ce qui, entre nous, n'est tout de même pas si mal.

J'attendrai 2008 pour saisir une nouvelle chance au cinéma.

Il s'agit un mini-rôle au sein d'une maxi-production : *Astérix aux Jeux olympiques* !

Je ne sais pas quel lien unit l'irréductible petit Gaulois d'Uderzo et Goscinny aux mannequins en vogue, mais je ne suis pas la seule à avoir subi, sous le chêne, les vocalises d'Assurancetourix, le barde à voix de fausset, capable en quelques notes de nous faire tomber le ciel sur la tête…

Avant moi, Laetitia Casta sera l'envoûtante Falbala dans *Astérix et Obélix contre César*.

Monica Bellucci, elle, fera du personnage de Cléopâtre (défiant César dans *Mission Cléopâtre*) la reine des entrées en salle, ramenant sous ses ors et hiéroglyphes, quelque quatorze millions de spectateurs, un des records d'affluence en France.

Cameron Diaz, Laetitia Casta ou Monica Bellucci portaient en partie sur leur nom les films évoqués ci-dessus. Des stars, des vraies. Beaucoup ont oublié qu'elles ont débuté par la course effrénée aux castings de mode, comme nous toutes. Je tenais à le souligner car leur succès rejaillit sur notre profession, pas si superficielle qu'on feint de le croire et plutôt dure à assumer.

Je n'aurai pas la même influence qu'elles, c'est sûr, mais je me suis bien amusée quand, à 37 ans, je me suis prêtée au rôle de Mme Agecanonix dans ce fameux *Astérix aux Jeux olympiques*...

Ce rôle paradoxal, d'un comique achevé, créé par Arielle Dombasle, m'avait été proposé, non sans malice, par le producteur Thomas Langmann, fils de Claude Berri. Fidèle à l'esprit de la bande dessinée, j'incarne l'affriolante épouse d'un nonagénaire hyperactif, joué par Sim, un comédien de poche, haut en couleur et vif d'esprit, dont la taille dépassait à peine la longueur de mes jambes !

Ce contraste flagrant entre Sim et moi amusait beaucoup Gérard Depardieu, un Obélix plus vrai que nature. Sur le tournage, il n'avait pas assez d'égards pour me conseiller, me rassurer et se conduire en véritable « papa poule ». D'un ton sans réplique, il répétait : « Adriana tu joues bien la comédie », ce qui m'interpellait secrètement : je jouais « bien », ou je jouais

« bien la comédie » ? Une interprétation laissée en suspens entre nous…

J'étais loin, évidemment, d'embrasser la carrière d'une James Bond Girl à laquelle j'aurais tant aspiré.

Il y a quelque temps, j'ai suivi l'ascension fulgurante d'Olga Kurylenko, sélectionnée parmi quatre cents comédiennes susceptibles de décrocher ce rôle. Comme moi, elle a posé pour la photographe Ellen von Unwerth et rêvé de poser pour Annie Leibovitz. Venue d'Ukraine, passée par Moscou (encore une fille de l'Est…) où elle débuta dans le mannequinat à 15 ans, comme tant d'autres, elle a pris des cours de théâtre à Paris, puis à New York, obtenant bientôt des premiers rôles au cinéma. Quand le Festival de Brooklyn la désigna meilleure actrice pour *L'Annuaire*, la porte s'ouvrit largement pour elle au point qu'elle est devenue aujourd'hui une icône de jeux vidéos à succès auprès des jeunes. Pas étonnant que Daniel Craig ait flashé sur elle pour *Quantum Of Solace*…

Je me suis retrouvée dans ses propos relevés au fil d'une interview. Elle disait quelque chose comme : « On ne rêve pas d'être d'abord mannequin si on veut être actrice ; on rêve soit de devenir mannequin, soit de devenir actrice… Pour celles qui rêvent d'être mannequin, je dirais : allez dans une agence de mannequins et essayez. Pas besoin de cours. On apprend en travaillant. Pour celles qui veulent être actrices : prenez des cours, allez au théâtre, regardez de bons films… »

Bien des aspirantes mannequins rêvent de cinéma. Peu d'entre elles franchissent ce que le métier appelle si bien « les feux de la rampe ». Beaucoup s'y brûlent même. Avant de quitter Elite pour Next, j'ai été « chassée » par plusieurs intermédiaires à l'affût de mannequins en vue. Je me souviens de l'agence IGM, ex-McCormack, spécialisée dans le sport, donc bien placée pour le calendrier de *Sports Illustrated,* qui offre une belle visibilité aux modèles sélectionnées. On y croisait des champions de tennis comme André Agassi ou le golfeur Tiger Woods. L'agence avait un œil sur le cinéma et Milla Jovovich en était une ambassadrice. Elle tendait ses filets vers les filles de l'Est, toujours très convoitées dans les castings.

Si le cinéma fait fantasmer les mannequins, certaines ne boudent pas le petit écran à défaut du grand.

L'une des figures de *Sports Illustrated* (et de Victoria's Secret), la blonde Rebecca Romijn-Stamos, est même passée par la télé avant de s'imposer au cinéma. Pendant deux ans, entre 1998 et 2000, succédant à Cindy Crawford à l'antenne, elle présentait *House of Style* sur MTV, un mélange de Fashion TV et de coulisses des défilés de mode. Il faut croire qu'elle a su taper dans l'œil des producteurs d'Hollywood. À peine sortie des studios télé, la voici lancée dans la confrérie des super-héros de la Century Fox... Engagée, puis confirmée, dans le rôle de Mystique, une mutante de la série *X Men*, qui apparaît nue recouverte d'écailles bleues. Ses performances en arts martiaux laissent le spectateur KO. Adieu podiums !

J'accorde une grande importance à la télévision. Mes émissions l'attestent et j'en parlerai plus tard. Il n'y a pas que les longs-métrages sur écrans géants, qui comptent. Comment oublier – c'est devenu « culte » sur YouTube – le numéro que Jamel Debbouze, comique « décalé », pas plus grand qu'Astérix, me fit subir, en guise de bizutage, lors de la cérémonie des Césars, en 2007, devant le Tout-Paris du cinéma et de la télé, sur la scène du théâtre du Châtelet…

La séquence était diffusée en direct.

Des milliers d'internautes se sont repassé la scène. D'accord, c'était très drôle pour le spectateur de voir Jamel feindre de me prendre pour la femme de Zinedine Zidane… Très drôle de le voir comparer sa taille à la longueur de mes jambes. Très drôle de la part du réalisateur d'avoir uni sur scène le couple le plus disparate de la soirée. Très drôle quand il plongea son nez à la hauteur de mon décolleté. Très drôle sa petite « vanne » pour initiés de cours d'école : « M. et Mme Karembeu ont un fils ? Comment l'appellent-ils ? Six fois sept… parce que six fois sept = quarante-deux ! »

Face à la salle qui s'esclaffait, je tentais de garder mon sang-froid. J'étais mal à l'aise et cela se voyait. Je prenais de plein fouet les rires qui montaient de toutes parts. Je pianotais, un peu nerveusement sur le pupitre, l'enveloppe des nominés à la main, mon seul point d'appui…

Au début, je ne comprenais pas l'humour de Jamel, ni ne pouvais apprécier le pseudo-self-control de l'animateur Antoine de Caunes ; en parfaite complicité, en « compère » avisé, il feignait de le raisonner, avec pour effet de faire redoubler les rires. Je ne pouvais pas répliquer et nourrir le dialogue ironique de Jamel, imaginé par un auteur de l'ombre – un *shadow writer*, comme on dit. C'est facile à comprendre ; aussi facile que ces gags lâchés sans risque d'être contredit et figeant, à dessein, sans doute, cible facile donc, le mannequin dans un rôle de potiche. La vérité est toute simple : mon français étant encore approximatif, il était impossible pour moi de comprendre les jeux de mots. Et plus encore cette leçon d'arithmétique lancée sous forme de calembour, même si l'on m'avait déjà fait le coup du fameux 6 × 7, mais « by the way » et en petit comité, pas en public ! Imaginez que je fasse la même chose à Jamel ou à quiconque en slovaque ! Vous verriez leur tête…

Je n'en veux ni à Jamel ni à Canal +, spécialiste des « Guignols », de m'avoir transformée en punching-ball humoristique et d'avoir fait rire à mes dépens, dans un scénario trop bien huilé en coulisse. En étrangère débarquée de mes montagnes et plus à l'aise en anglais, véhicule d'expression internationale dans mon métier, j'étais démunie sur scène, privée de réplique, sans défense. Pas si grave, certes, ce numéro moqueur, mais je tenais à faire une mise au point souriante... Chacun le sait, en effet : je pratique avec plaisir l'autodérision. L'humour m'est très cher. Je l'ai prouvé aux côtés d'Élie Semoun, dans un de ses sketches sur « les blondes à forte poitrine ». Un peu plus tard, d'ailleurs, Jamel est venu me trouver, s'excusant d'avoir été un peu « relou ». Je l'ai rassuré. On en a bien rigolé. Après tout, ce n'était, là encore, que du cinéma !

La télé, je l'ai savourée pleinement quand M6 a diffusé *Adriana et Moi*, un téléfilm « sentimental » comme on dit, mais qui se révélera prémonitoire, pour moi, à plus d'un titre... J'y joue en effet une ambassadrice de la Croix-Rouge, ce que je suis réellement depuis l'année 2000. Le scénario me fait animer un gala de charité et insiste sur une certaine lassitude du monde des paillettes. Courant en jogging quai de la Mégisserie, je renverse les pots d'un fleuriste plutôt bougon.

En guise de réparation, je l'invite à fleurir le théâtre et nos relations se réchauffent... sous l'œil de Ted, mon mari, un homme d'affaires trop pressé, qui me délaisse... Cette comédie légère rappelait, à sa manière, un succès que Julia Roberts et Hugh Grant avaient porté sur grand écran : *Coup de foudre à Notting Hill*. Sur M6, écran plus petit certes, mais jolie affluence en famille, nous avions fait exploser l'audimat de la soirée, en réunissant plus de cinq millions de téléspectateurs.

On m'a posé la question :

« Vous êtes séduite par un fleuriste. Cela pourrait-il vous arriver dans la vraie vie ?

— Oui, cela pourrait arriver. Mais pour me séduire, attention, pas si facile, les hommes sont trop pressés… »

9

La vie d'un footballeur professionnel n'est pas celle d'un voyageur sans bagage. Bien au contraire. Tous les deux ou trois ans, il doit boucler sa valise et porter un nouveau maillot. De transfert en *mercato* (« le marché aux joueurs »), Christian a vécu ces dépaysements, par ailleurs très enrichissants sur les plans culturel et personnel. Et moi je le suivais ; normal.

Chaque saison, il devait effectuer, au moins, dix-huit déplacements à l'intérieur du pays d'accueil, dix-huit étapes du championnat national hors de la ville dont il défendait les armes, le maillot et les couleurs. Ce « marathon » professionnel ponctue la vie du club, sans compter les « extras » à émotion forte, c'est-à-dire les matches internationaux joués pour le club (*Champion's League*, *Ligue Europa*) ou la sélection ; pour lui, l'équipe de France. Et je n'oublie pas de mentionner les matches amicaux…

J'apprendrai vite à compter les jours en fonction de ce rythme accidenté : un samedi à Séville, le mercredi à Barcelone, Valence ou Vigo, en *liga* ; une fois à Milan, la semaine suivante à Naples, Rome ou Turin, en *calcio* italien ; un matin à Manchester, le soir à Newcastle, etc., en *Premiere League* anglaise… Ainsi tourne la vie du champion.

Je l'ai vu maintes fois boucler un sac, guetter le taxi, prendre l'avion. Je l'appelais à l'hôtel à son arrivée et après les matches pour prendre des nouvelles, en espérant que tout aille pour le mieux et qu'il ait échappé à la blessure, mais le laissais se concentrer en équipe lors de « mises au vert » commandées par l'entraîneur, partir en stage d'été, d'hiver, de pré-saison, de tournois, de Coupe du monde, que sais-je encore… C'était la vie de Christian ; c'est devenu la mienne…

Naturellement, je ne le suivais pas partout, d'autant que je voyageais aussi pas mal de mon côté, j'avais de nombreux contrats à honorer.

D'une manière générale, j'apparaissais assez peu en tribune présidentielle, sauf à l'occasion des grandes rencontres, par exemple pour les « derbys de feu » (rencontres entre deux villes voisines) – les *clasicos* – entre le Real et l'Atletico, son grand rival madrilène, ou le Barça (FC Barcelone), symbole à Madrid des velléités de « sécession » catalane ; c'était la même tension quand la Sampdoria de Gênes (son autre club) affrontait le Genoa en Italie ; et pire, me semble-t-il, quand l'Olympiakos du Pirée (où il sera transféré) défiait le Panathinaïkos d'Athènes, dans son stade à ciel ouvert contenant le double de spectateurs, dans une atmosphère électrique. Je découvrais, médusée, que porter le maillot de « l'ennemi » au coin de sa rue peut tourner au drame... Le derby du foot tient parfois d'un scénario à la *West Side Story*.

Mon baptême du feu se fera en ces circonstances.

Dans notre quartier de Moraleja, une zone plutôt chic à Madrid, je ne mesurais pas vraiment la passion attisée par toute cette tension. Nous n'y croisions pas de *Colchoneros*. Ce surnom folklorique du club de l'Atletico de Madrid signifie « matelassiers ». Il provient des artisans qui, autrefois, semble-t-il, avaient leurs ateliers le long du fleuve Manzanares, là où se dresse actuellement le stade de l'Atletico, leur chapelle, que dis-je leur paroisse, au sud de la ville.

Madrid est une ville où il fait bon vivre. Il y a mille choses à y faire, en dehors du football. J'aimais me balader dans les ruelles pavées à l'heure où les bars à tapas font le plein. Ou profiter des grands musées ; celui de la reine Sofia forme un merveilleux *Paseo del Arte* (avenue de l'art) avec le Prado. Les visiteurs pressés connaissent le parc du *Retiro*, un classique, mais ont-ils poussé les portes du jardin *El Capricho* (le caprice), un bijou romantique très « cosy », avec ruisseaux, ballet de cygnes et petit ermitage ? Ce parc, moins célèbre et plus intime, est l'antithèse du *Retiro*, poumon vert de la ville, à mi-chemin entre le bois de Boulogne à Paris et Central Park à

New York... Il faut du temps pour profiter de ces merveilles. J'ai su en profiter.

Avec le Real, le club le plus titré de Madrid, et de loin, nous vivions plus souvent du côté du *Paseo de La Castellane*, une longue avenue très aérée, longeant un quartier riche en boutiques de luxe, situé à deux pas du stade Santiago Bernabeu, la cathédrale de lumières du Real. Ici, pas d'*Indios* en vue (les supporters « ultras » de l'Atletico), ou si peu, mais plutôt des *Vikingos*, le surnom donné aux nôtres, ceux qui pouvaient s'époumoner, sept minutes durant, dans un hymne à la gloire de Christian, ou qui faisaient circuler de faux billets en pesetas, frappés à son effigie...

Il y avait moins de tension en Italie, du moins à Gênes, ce qui n'était pas le cas à Rome, à Milan ou à Turin... Au soir du Derby della *Lanterna*, un nom hérité du phare dominant le port de Gênes, les *Rosso blù* (maillot rouge et bleu) du Genoa Cricket & Football Club, titré *upper class*, à la britannique, s'amusaient à snober les supporters de « la Samp' », le club de Christian ; en fait le plus populaire.

Je n'étais pas alors une grande habituée du stade, ni de la « culture foot » ; davantage, quand je le pouvais, de la campagne et des plages de Ligurie, joliment lovées dans le paysage et l'azur de la mer. Le jeu m'était encore très étranger. Je n'en connaissais ni les règles ni les usages, mais j'étais capable de reconnaître à cent pas Roberto Mancini, super-star de l'équipe, super-attaquant, comptant le plus de buts sous le maillot de la Samp', et dont l'élégance et le maintien à la ville avaient tout du mannequin sorti de la *fashion week* de Milan. D'ailleurs, lorsque Christian m'avait abordée à l'aéroport de Linate, c'est lui qui m'avait remarquée et avait poussé Christian à m'interpeller à coups de « *bellissima* ». On connaît la suite…

J'ai connu plus dure rivalité à Athènes. Entre l'Olympiakos du Pirée et le Panathinaïkos, on n'est pas loin d'un remake de la guerre de Troie… Là-bas, on est Olympiakos ou Pana à vie. C'est héréditaire : « Le derby des éternels ennemis », titrent les journaux locaux à chaque confrontation.

Au Pirée, où nous resterons trois saisons, Christian était une super-star. Il y obtint deux années consécutives le titre de meilleur joueur du championnat grec. Il était le dieu des supporters et mon dieu, tout court… Bien au-delà du foot !

Du président au gardien du stade, il ne comptait que des amis. Nous habitions à Voula, un quartier excentré, les pieds dans l'eau, un endroit calme, non loin de Marathon, lieu historique cher aux Grecs et… aux sportifs olympiques.

J'adorais ce coin préservé, véritable havre de tranquillité. Sur ce front de mer et jusqu'au port du Pirée, si joliment inscrit dans un écrin naturel et peuplé de toutes les flottilles imaginables, de la pêche à la plaisance, de la marine marchande à la croisière… On ne payait jamais. Nulle part. Nous étions systématiquement invités, même au restaurant. C'en était gênant. Christian, qui n'avait pas l'œil dans sa poche, repérait toujours les familles dans le besoin. Il leur offrait des vêtements. Je retrouvais dans son geste toute l'humilité qu'il déployait lors de la pratique de « La Coutume » dans sa tribu de Lifou.

Un signe ne trompait pas : même s'il s'aventurait dans un quartier pro-Pana, dans Athènes même, il se sentait en sécurité, car, par nature, il était humble. Donc respecté.

Le seul endroit où j'ai trouvé de la quiétude, dans cette vie nomade, c'était un peu avant l'installation en Grèce, quand il signa pour Middlesbrough, une ville industrielle plutôt grise, située dans les vents froids de la mer du Nord, sur la côte est de l'Angleterre. Là-bas, pas de tension exagérée comme à Liverpool (face à Everton, le quartier voisin), à Manchester (entre les deux rivaux United et City) ou à Glasgow (entre le Celtic catholique et les Rangers protestants) ; antagonisme religieux qui va bien au-delà d'un choc des cultures, de la rivalité sociale et dépasse largement les frontières de l'Écosse… Avec Newcastle, distant de cinquante kilomètres, il y avait certes des frictions, mais tellement moins qu'avec Liverpool-Manchester, le choc rituel entre les Reds et les Red Devils ! Découvrir ces antagonismes ancrés dans la mémoire des quartiers et des tribunes me laissait sans voix. Je m'adaptais sans trop me montrer. Mon palmarès de mannequin et tout ce qui fait la « peoplemania » imposaient une certaine discrétion.

De ces séjours à Madrid et à Middlesbrough, et plus tard à Athènes, j'ai grandement appris sur les mœurs et les usages de cette étrange « planète football », preuve évidente s'il en était encore besoin que les voyages forment sérieusement la jeunesse…

L'équipe de Middlesbrough allait cahin-caha. Elle s'enorgueillissait d'avoir vu passer quelques gloires : un ancien sélectionneur de l'équipe d'Angleterre, Don Revie, et un personnage fantasque, Brian Clough, parti pour le Nottingham Forest qu'il hissa au sommet. J'apprenais à connaître ces noms, sans les retenir pour autant, au fil des rencontres, des conversations et de la chronique locale… Ces noms ne me disaient rien, mais c'est aussi cela la vie du foot, riche d'un passé local ou régional dont la légende est entretenue au fil des générations par les fans les plus anonymes…

Dans vingt ans, c'est sûr, les piliers de pubs évoqueront encore, devant une bière rousse et le fameux « fish & chips », le nom de Christian Karembeu, sa force athlétique et son côté chevalier du stade « sans peur et sans reproche ».

À ce moment-là, l'équipe vivotait sur de beaux restes. Elle se maintenait dans ce qu'on appelle « le ventre mou » du championnat, c'est-à-dire la deuxième moitié du classement. Les performances en dents de scie n'apportaient pas la touche de soleil espérée dans le cœur des supporters, alors que le club disposait de moyens supérieurs à ceux de ses semblables pour une ville de cent cinquante mille habitants. Les structures, terrains d'entraînement, installations diverses prouvaient que les propriétaires y croyaient. La presse locale était mordante. En vain. Les résultats ne suivaient pas. Christian avait la cote, cependant. Il échappait aux critiques acerbes ou désenchantées car, dans ce Yorkshire laborieux, le public appréciait qu'il « mouille le maillot », signe avéré de sa générosité dans l'effort.

Contrairement à ce que beaucoup pourraient imaginer, surtout dans les grandes villes et dans les beaux quartiers, j'ai bien aimé Middlesbrough, loin de l'ambiance de Londres ou encore de Chelsea, au chic reconnu.

J'aimais la campagne du Yorkshire et la petite ville de Darlington. Nous n'habitions pas un hôtel de luxe, souvent impersonnel dans les capitales, mais un ancien château avec parc, en pleine campagne. De mes fenêtres, j'avais une vue imprenable sur les troupeaux de vaches, les chevaux, un haras voisin. Ambiance fermière, comme dans les pâturages de mon enfance slovaque. En hiver, la neige tombait alentour. Au printemps, la campagne était balayée par les vents. J'écoutais en boucle les solos de guitare de Chris Rea, l'enfant du pays, dont les tubes *Dancing With Strangers* et *Touché d'amour* me faisaient voyager.

Parfois, je m'imaginais dans un film inspiré d'un roman d'Agatha Christie, mais le suspense ne dura qu'une saison, Christian bouclant à nouveau son sac avant la reprise du championnat 2002, direction Le Pirée, je l'ai dit, pour trois ans, où de nouveaux titres de champion l'attendaient.

C'était bien joli, assez bucolique Middlesbrough, et même la perspective du séjour en Grèce était réjouissante, mais pendant ce temps-là, les tops en vogue couraient les bons castings à New York quand, moi, je courais la campagne...

La vie d'un mannequin, au meilleur de sa carrière, est un turnover permanent. Moi aussi j'ai connu les transferts, de l'agence VIP, à mes débuts, à Eva, puis vers la prestigieuse Elite, et chez Next. Mais le déracinement n'est pas le même, car ces agences internationales ont leurs antennes partout dans le monde, comme autant d'ambassades. En 2006, par exemple, Elite était implantée dans trente-six pays et comptait sept cent cinquante mannequins, Ford, dans dix pays, en annonçait deux cent cinquante, Metropolitan, trois cents en quatre filiales réparties entre l'Europe et l'Amérique du Sud, Karin (dont les célébrités avaient pour nom Monica Bellucci, Estelle Lefébure, mais aussi Anthony Delon et Paul Belmondo) restait identifiée à Paris, avenue Hoche, et Next, mon agence d'alors, rayonnait dans huit pays avec cinq cents mannequins, dont deux cents hommes.

Ces chiffres sont homologués par le magazine *Photo*, en alerte constante sur notre univers, et qui, chaque année, en déduit une sorte d'argus des valeurs et des modes.

Une comparaison avec les clubs de football, pour rapprocher mon monde de celui de

Christian. À lui le championnat et ses déplacements hebdomadaires. À moi les podiums et les publicités. À lui les matches internationaux, tant en clubs qu'en sélection. À moi les *fashion weeks* et séances publicitaires…

Il nous arrivait parfois de nous croiser… sans nous voir.

J'avais un mari très accaparé par son métier et aussi un compagnon omniprésent, mon bichon maltais, nommé Tarzan. Il ne me quittait jamais. Comme sa mère et sa grand-mère (j'ai l'esprit de famille même pour les chiens), il ressemblait à une peluche blanche. Aussi petit soit-il, il a quelque chose du *body guard*. Il est toujours sur le qui-vive, m'observe en permanence, même à travers un trou de souris… Au Maroc, où je réside désormais, il a mordu le jarret d'un cheval, comme s'il me sentait menacée, comme s'il pressentait une ruade ! Tarzan, compagnon de tous mes voyages, douze ans durant…

Comme Christian se donnait sans compter à sa carrière, je reprenais de mon côté un certain nombre d'activités, que j'avais un peu délaissées, comme la publicité. Recommença alors le ballet des avions, Tarzan toujours un œil sur moi, même du fond de son petit panier de voyage joliment siglé. Il m'accompagnait dans la noria des hôtels où je descendais. Tarzan m'a quittée au seuil de l'été 2014. Je ne l'oublierai jamais.

Côté pub, donc, j'ai déjà évoqué celle pour la bière Peroni, en Italie : du sexy au deuxième degré, ciblé pour une clientèle masculine.

La plus déroutante sera la publicité pour la Skoda. La célèbre marque d'automobiles tchèque m'avait sélectionnée pour la représenter… Rien de surprenant compte tenu de mes racines slovaques et de mes études à Prague. Cependant, le scénario, fait… sur mesure, misait en fait sur ma grande taille. J'étais filmée allongée sur un lit trop court, me cognant les genoux contre une table trop basse, heurtant le haut d'une porte… C'était si bien pensé qu'à force de multiplier les prises, j'ai fini par me cogner pour de bon. Puis, en fin de publicité, je me glissai sans problème à l'arrière d'une Skoda Superb, la nouveauté de 2007, où j'avais même la place de croiser les jambes. C'était sans doute la première Skoda d'exportation capable de séduire en Europe. Elle jouait l'atout d'une très grande berline au prix d'une familiale. Même les modèles « archaïques », tels que la Felicia ou la Favorit, que mon père finira par pouvoir s'offrir, sont longtemps restés hors de portée du budget d'un Tchèque ou d'un Slovaque moyen, mais il est vrai qu'il n'y avait pas de « classe moyenne » au temps du communisme…

Dans cette pub pour Skoda France, je parlais en français, avec un accent assez prononcé qui plaisait aux promoteurs, car il faisait « couleur locale ». À leur tour, les Tchèques m'ont demandé de l'interpréter en tchèque pour leur propre marché. Je l'ai fait. Stupeur, mon indécrottable accent slovaque, remonté de mon enfance à Banska Bystrica et des montagnes alentour, obligea la prod' à me doubler : la honte !

Ces tournages me prenaient beaucoup de temps. Christian, lui, avait raccroché les crampons après un dernier passage par le Sporting de Bastia et cette Corse qu'il aimait tant. Entre-temps, il était devenu « ambassadeur » de la Nouvelle-Calédonie pour le tourisme.

Nous étions toujours en symbiose, mais on se perdait de vue entre deux avions.

En fin de carrière, les joueurs de foot professionnels sont souvent désorientés. Normal. Pendant toute leur carrière, pris en charge par l'encadrement des clubs, ils se sont laissé piloter.

Alors Christian s'est mis à vivre à trois cents à l'heure. Je n'arrivais pas à suivre le rythme.

Je me suis alors enfermée dans le travail. J'ai enchaîné les pubs, par exemple pour Virgin Mobile. Elle était sympa. J'étais avenue Montaigne. Je devais jouer le rôle d'une fille très riche. En montant dans ma Bentley, une branche accrochait ma robe et je me retrouvais la poitrine dénudée. En pleine détresse, redoutant les paparazzi, je bondissais sur mon téléphone portable et appelais mon mari au secours. Le téléphone me sauvait, c'était joyeux, jubilatoire même, et la morale était sauve, puisque la délivrance me venait de mon mari…

C'est le moment où les premiers malentendus sont arrivés. Pas grand chose sur le fond, cependant. En réalité et c'est tout le problème, nous ne vivions plus dans le même « timing ».

Depuis son arrivée au centre de formation du FC Nantes jusqu'à la fin de sa carrière à Bastia, *via* les plus grands clubs européens,

Christian avait mené une existence trépidante côté sportif, mais très stricte, extrêmement disciplinée. Tous les joueurs de foot connaissent cette exigence, faute de quoi ils ne progressent pas dans leur vie professionnelle. Cela engendre une certaine monotonie. Ils n'ont pas de vie débridée, d'à côtés vraiment festifs, d'échappées entre copains pour évacuer la tension, ou si peu. Ils prennent peu de vacances et se doivent à leur club, se donnent à leur public. Il faut une certaine abnégation pour se fondre dans le moule collectif d'une équipe de haut niveau et pouvoir y tenir son rang. Christian avait ces qualités. Il en a bien d'autres, car quand il donne son cœur, c'est pour de bon. Sa sincérité est sans égal à mes yeux.

Avec ma famille, il s'est comporté comme avec les siens. Quand mon grand-père est mort, j'étais brisée. Il a tenu à m'accompagner à la morgue. J'étais tétanisée. Je ne pouvais pas esquisser le moindre geste. Je pleurais, c'est tout. Je n'arrivais pas à maîtriser mon chagrin. Et là, il s'est avancé vers Juraj, lui a pris la main, lui a embrassé le front… Mon grand-père était mort et lui, il lui embrassait le front ! J'en suis encore retournée…

C'est dire si Christian a compté pour moi et compte toujours d'une autre façon.

Peut-être cette fin de carrière, autour de 35 ans, pour un joueur de foot figure-t-elle une sorte de rupture. Alors il faut compenser, s'enivrer d'autres sensations. Christian voulait entreprendre beaucoup de choses. Il avait mille idées. Il avait soif de découvrir d'autres univers. La télé est venue le chercher. Pour la chaîne Planète, il a tourné *Des hommes et des îles*, un programme qui lui allait très bien, par nature. Peu de reporters, même chevronnés – lui endossait l'habit de l'amateur éclairé –, ont une connaissance aussi intime et respectueuse des peuples insulaires. Il est allé aux Marquises, aux Vanuatu, un peu partout. En deux ans, il a visité neuf îles ou archipels de caractère. La série est diffusée cette année, chez moi, en Slovaquie. J'en suis heureuse et fière.

Christian en voyage, moi, à la maison. Nous commencions à subir un léger décalage dans notre vie. Quand il était joueur, son calendrier reposait sur un rituel réglé à l'avance. Les matches sont programmés à date fixe, sauf diverses coupes. À l'époque, c'est moi qui voyageais le plus et le plus loin : tantôt à Londres, tantôt à New York, un jour à Milan, un autre à Miami. Et là, au moment où je posais enfin mon sac, où j'éprouvais vraiment le besoin de le poser, c'est lui qui s'envolait… Christian avait toujours été d'une extrême douceur en privé. Il était généreux, attentif. J'en étais vraiment raide dingue, comme subjuguée. Sa tendresse était immense.

Mais j'avais besoin, de plus en plus, de vivre en « vrai » couple, de partager les choses courantes et banales qui se vivent à deux : Que fait-on aujourd'hui ? Où va-t-on ? Que penses-tu de ma robe ? Est-ce que ma tenue te plaît ? Oui, des choses banales, rien de plus, mais qui soulignent un intérêt, qui montrent, d'un simple mot, que l'on fait attention à vous.

Je vivais l'exemple inverse de celui de ma mère, qui, ayant enfin divorcé, avait rencontré un homme fait pour elle. Ils étaient inséparables, collés l'un à l'autre. Tout ce que j'aime.

Pourtant, Christian ne manquait pas d'attentions. Si, passant devant une boutique je m'exclamais : « Oh la belle robe ! » le lendemain, un livreur me la déposait... « Oh la jolie lampe ! » le surlendemain, elle éclairait le salon... Malheureusement, sa vraie nature, toujours mystérieuse – ce qui me plaisait –, mais de plus en plus solitaire – ce qui me lassait –, reprenait le dessus : je ne me contentais plus de le voir me masser les pieds en regardant la télévision. Je ne voulais plus qu'il me traite comme une gamine, mais comme une femme épanouie, assumée. Combien de fois me suis-je retrouvée seule, avec Tarzan pour témoin de mon ennui quotidien !

Et ce qui devait arriver arriva.

Quand ? Je ne sais pas au juste. Disons que l'effritement de notre couple s'est étalé sur un an, environ.

Il me couvrait de fleurs. Et moi, de pleurs...

Parfois, entre deux lectures de Milan Kundera – j'étais devenue incollable sur *L'Insoutenable Légèreté de l'être* et, titre prémonitoire, sur *La Valse aux adieux* –, l'écrivain qui avait marqué les esprits en quittant la Tchécoslovaquie et qui, désormais, écrivait en français (j'étais très admirative de cette métamorphose littéraire), et deux livres de Woody Allen, pour me changer les idées, comme une thérapie, *Side Effects*

(Destins tordus) ou *Mere Anarchy* (L'erreur est humaine), je me plongeais dans nos photos et notamment dans l'album de notre mariage. Sous le voile blanc, lors de la bénédiction, j'avais lâché une larme au moment de dire *ano* (oui, en slovaque). Et maintenant, je n'arrêtais pas de pleurer...

Je revois notre baiser dans la Rolls arrivée spécialement par bateau de Monte-Carlo pour nous conduire à l'hôtel Le Belvédère. Une Rolls que mon père dévorait des yeux, lui dont la vieille Skoda avait rendu l'âme deux mois plus tôt... À l'heure d'ouvrir le bal, une photo immortalisait, pour la première fois, un instant de complicité entre mon père et moi. Il était en smoking classique, hilare, et moi moulée dans une robe Escada en soie brodée d'argent. Je revois aussi la photo officielle réalisée par le studio Harcourt. Dans mes cheveux, la tiare prêtée par le joaillier Boucheron, sertie de sept cents diamants. Enfin, je revois mon grand-père, Juraj. C'est la dernière photo du bonheur en sa compagnie, car il est à l'hiver de sa vie. Alors, les larmes redoublent...

En 2010, je suis allé à Marrakech pour y présenter la collection de cosmétiques dans laquelle je me suis investie. C'était pour Noël. Ma sœur m'accompagnait.

Ce Noël-là sonne le glas de notre union. Christian était loin de moi, mais pas de mes pensées... Je n'avais jamais imaginé que la rupture nous menaçait et pourtant le destin veillait. Il fallait partir, c'était une terrible décision à prendre, mais aussi ne pas se retourner, ne pas revenir sur ses pas…

L'amour n'était pas mort pour autant ; il allait prendre une autre forme, celle d'une affection. Intense…

10

À 38 ans, je remarque ma première ride. Aïe ! La beauté est un outil de pouvoir ; on n'a rien fait de particulier pour l'exercer, mais puisqu'une fée, surgie des contes de votre enfance, vous a offert sa bonne étoile, pourquoi la refuser ?

La télé et le cinéma sont de bons passeports pour assumer son physique et se transformer. De la perruque rousse et robe de cuir de Thierry Mugler, dans le film *Prêt-à-Porter*, au vidéo-clip tourné pour Jean-Louis Aubert où j'apparais sous les traits d'une femme de ménage négligée, je ne redoute aucun défi. M'enlaidir au cinéma ne me gêne pas.

La beauté passe d'abord par le regard des femmes, car elles en ont une idée plus intime, moins « spectaculaire » que celle qui enflamme les hommes, fugacement.

C'est à l'âge de 15 ans que j'ai mis mon premier Rimmel et un provocant rouge à lèvres aux teintes fuchsia. La vie m'a appris à me soigner, à prendre garde aux imperfections, tout en demeurant le plus naturelle possible.

C'est pourquoi j'ai lancé une gamme de dermo-cosmétiques, en 2005.

Inconsciemment, je guettais cette première ride. Comme c'est un peu le lot de toutes les femmes, certaines le prenant plus mal que d'autres, j'ai décidé de m'investir pour créer cette gamme de soins, à base de silicium organique, un actif aux propriétés régénérantes. Il n'y a pas de meilleur « anti-âge ».

Je ne suis pas une *business woman*. Si mes associés ont rêvé que l'entreprise soit cotée en Bourse, mon but n'était pas de courir après un chiffre d'affaires à faire pâlir L'Oréal (je plaisante)... La vérité est toute simple : je cherchais à promouvoir un produit qui véhicule un message respectueux de la santé... Pas de tests sur les animaux, pas de paraben, ce conservateur allergisant ; j'imposais le respect de règles élémentaires...

Dès lors identifiée au produit, je me devais de porter la bonne parole. Ensuite, nous avons évoqué la création de soins minceur et l'ouverture de spas.

Je me trouve souvent confrontée aux femmes qui sollicitent d'élémentaires conseils de beauté. Je troque alors l'habit de la messagère d'entreprise, pour celui de madame tout le monde. Mes réponses ne varient guère : au réveil se laver le visage à l'eau froide avant d'appliquer sa crème de jour. L'eau froide raffermit la peau et resserre les tissus. Ma grand-mère Zlatica n'en démordait pas dans sa ferme de Valaska. Elle se moquait de tout produit cosmétique, on l'imagine bien, mais l'eau froide, c'était sacré. Je ne l'ai jamais oublié. Quand je me maquille, c'est pareil, je n'en rajoute pas : une once d'ombre à paupières, un zeste de blush, un peu de mascara… Cela suffit. Pourtant, si j'en sens la nécessité et souvent la tentation, je n'hésite pas à passer du temps devant la glace. Depuis l'enfance, j'ai toujours aimé jouer avec la trousse de ma mère. Le maquillage c'est le look, l'allure, un outil de séduction féminin. Les visages slaves, clairs de peau, à grand front et bel ovale se prêtent au maquillage. Dès l'âge de mes 15 ans, ma mère m'y incitait. C'est à elle que je dois mon premier tube de rouge à lèvres, un joli fuchsia.

Je n'oublie jamais de me démaquiller au coucher, enfin, pas toujours. Il m'arrive d'oublier mes propres conseils et de me coucher au risque de salir mes oreillers. De me reveiller sous les traits d'une « sorcière » le lendemain matin. Les femmes enfarinées au lever alourdissent et vieillissent leurs traits sans même s'en rendre compte.

Ainsi, gagner en maturité n'altère pas la beauté. Être bien dans notre peau, c'est ce qui nous rend belles, ce n'est pas qu'une affaire de poudre magique.

La magie existe. C'est à AKD, la ligne de cosmétiques qui porte mon nom, que je dois ma rencontre avec Aram, mon nouveau mari, dit « André ». Une drôle d'histoire.

La rencontre a eu lieu à Marrakech, dans le restaurant-palace Jad Mahal, qu'il dirige avec deux associés, au cœur du quartier L'Hivernage, très en vogue et qui se situe à mi-chemin entre les hôtels-jardins à piscine géante et spa, le Es Saadi – de style mauresque, décoré par des centaines d'artisans marocains au savoir-faire incomparable – et la célèbre Mamounia. Un site unique, non loin des remparts ocre de la vieille ville.

Dès l'arrivée, le Jad Mahal vous enivre, que ce soit à l'heure de l'apéritif, qui se prend en musique, ou plus tard, pour le dîner. Sa décoration allie harmonieusement atmosphère indienne et tradition marocaine. Le soir, attablé devant un wok de cuisine thaïlandaise, un crabe géant d'Agadir ou une *taggia marrakhchia* d'agneau, le show oriental aux accents de la « world music » déferle sur la salle, tandis que danseuses sexy et cracheurs de feu se contorsionnent autour de convives à l'œil égrillard, « allumés » par les ondulations ensorcelantes des belles.

Ce soir-là, je dînais en compagnie d'Alain Delon. André Ohanian, sur un simple salut de bienvenue nous avait ouvert sa table. Rien de plus.

Quelques mois plus tard, de retour à Marrakech, Alain Legout, mon associé, lui demande :

« André, tu connais tout le monde ici, les spas, les hôtels… Quel conseil nous donnerais-tu pour y placer les produits d'Adriana ?

— De qui ?

— D'Adriana. »

Il n'avait pas l'air très concerné et, visiblement, ne me prêtait guère d'attention. Je le dévisageais, l'écoutant débiter de mauvaises plaisanteries à la ronde. Je lui trouvais assez peu d'intérêt, quant au charme... il m'en semblait totalement dépourvu. Son visage, marqué comme celui d'un boxeur, me semblait dur, impénétrable. Pour ne rien arranger, il s'exprimait dans un sabir que je ne connaissais pas, et dont j'ai su plus tard, outre l'*assent provençal* reconnaissable à dix mètres, qu'il portait officiellement le nom de « parler marseillais »... Depuis, j'en potasse régulièrement le dictionnaire un peu folklo, offert par des amis.

André balançait à longueur de temps des « peuchère ! » (je croyais que ça voulait dire : « pas cher » ; je me disais, le pauvre, il doit être dans le besoin) ; des « ça craint » pour dire « ce n'est pas bien » ; et je l'entendais balancer des « cagoles » au passage des filles, ce qui me semblait un mot particulièrement « macho » et totalement irrespectueux à leur égard. Bref, il n'était vraiment pas ma tasse de thé ! C'était si vrai que, déjeunant une autre fois avec Alain Legout, un homme de mer, familier du Vendée Globe Challenge de Titouan Lamazou et Michel Desjoyeaux, donc un homme d'horizon, je lui demandai carrément : « Débarrasse-moi de ce type ! »

Sous un air indifférent, André n'arrêtait pas de me charrier. Il m'envoyait des coups de griffe subtils, façon chien et chat, me reprenait à la moindre de mes remarques. Ce n'était qu'un jeu, mais à la longue...

En tout cas, il ne donnait pas le change pour me « draguer », comme on dit, en terme familier. De plus, de dix-sept ans mon aîné, il avait du boulot pour me séduire. C'était peut-être sa méthode : miser sur « la vanne ». André avançait masqué.

Petit à petit, j'ai commencé à apprécier son humour décalé.

Bientôt, les jeux étaient faits. Je baissais ma garde. Finalement, je le trouvais intéressant. Pour déroutante qu'elle paraisse, sa personnalité cachait une sincérité touchante. De plus, je devinais des failles chez lui qu'il me tardait de décrypter. Enfin, je commençais à apprécier les écarts qu'il marquait avec les codes en usage. S'affranchir des codes, c'est se libérer d'un assujettissement en société. À dire vrai, j'enviais sa liberté de ton, dont je me sentais dépourvue, voire incapable. Question de courage.

Soudain, je vis que sa liberté de ton détonnait dans ce monde uniforme et que cela ne faisait pas de mal d'échapper aux stéréotypes. Sa joie de vivre commençait à déteindre sur ma solitude, aggravée par le traumatisme de la rupture.

Je ne sais pas si ce jour-là marquera mon grand saut en sa direction… Mais comment oublier, alors que nous étions séparés par nos engagements professionnels, lui au Maroc, moi à Paris, qu'il m'appela pendant neuf heures quarante-cinq, montre en main, pour me parler de tout, de rien, de lui, de moi, de nous…

Peut-être visait-il, lui aussi, sans le savoir, une performance digne du *Livre des records*... En tout cas, il marqua un point important cette fois-là ; d'une personnalité déroutante et complexe, il s'était transformé en personnage addictif. J'étais devenue « accro ».

À l'époque, je rédigeais encore mes textos en anglais. Je croyais benoîtement qu'André le comprenait, alors qu'il le bredouillait à peine. Il a mis quatre mois à me l'avouer et pourtant il répondait aux SMS... C'était à n'y rien comprendre. En fait, son copain Fabrice, une figure dans l'événementiel international, tant à Marrakech qu'à Paris ou Moscou, les lui traduisait instantanément et lui préparait les réponses ! Évidemment, c'était moins pratique à 4 heures du matin !

Cela m'amusait beaucoup. Je revivais mes débuts en anglais avec mon manuel de poche et mon apprentissage laborieux du français que Jamel Debbouze avait si facilement tourné en dérision lors de la soirée des Césars...

Ce même Fabrice s'était occupé de notre voyage avec Alain Delon. J'ai su, plus tard, que dans sa grande période de séduction, très singulière, André avait glissé à Fabrice :

« Je crois que j'ai une ouverture avec Adriana...

— Mais t'es fada ! T'es mytho ! » lui aurait-il répliqué en s'esclaffant.

Aussi, quand après de subtiles approches, il a pu enfin obtenir mon numéro de téléphone portable, il l'a brandi tel un trophée devant

Fabrice : « Je suis une légende ! Je connais Adriana ! » Il en rit souvent et cela amuse nos amis.

Reste qu'au retour à Marrakech, j'étais enfin sous le charme. Certes Aram n'est pas du genre diplomate, certes il peut apparaître brut de décoffrage, mais sous le cuir, j'avais décelé ses fragilités, une vraie générosité, une franchise. Il était loin des premières impressions que j'aurais pu prendre pour de l'arrogance. Bref, j'étais séduite. Une petite tempête cognait dans ma tête. Une « tempête » nommée Aram.

J'avais demandé à Natalia, ma sœur, de m'accompagner. André nous attendait à l'aéroport de Menara ; mais au lieu de nous conduire dans un endroit familier, tel que sa maison construite sur le golf Al Maaden, face aux montagnes de l'Atlas, il nous déposa directement dans un palais féerique situé au milieu d'une palmeraie, dans un décor que l'on pourrait décrire avec facilité « des mille et une nuits » : le Palais Rhoul. À trente minutes seulement de l'aéroport, nous étions transportées dans un monde voluptueux à la décoration romanesque, avec tente caïdale en toile blanche ornée de motifs noirs rappelant le qandil (lampe à l'huile) des cérémonies festives ou matrimoniales, piscines aux eaux marines, belvédère, spa, etc. L'actrice Nicole Kidman venait d'y séjourner. Avec emphase, Aram se planta dans le décor et s'écria, non sans humour : « C'est ici que je me marierai ! » Sur le coup, cela me fit sourire... Il l'a dit et me l'a répété au moins dix fois !

Lorsque j'avais donné mon numéro de téléphone portable à André, il avait marqué un temps d'arrêt, comme s'il n'y croyait pas, comme si cette « faveur », en somme, était réservée à je ne sais quel VIP ou notable, plus huppé et dans la cour desquels il ne se sentait pas accepté, malgré le Jad Mahal, son luxe exotique et sa boîte idyllique, Le Silver…

Il est vrai que son histoire n'était pas anodine. Elle m'avait touchée. Pour de bon, croyez-moi.

Dans sa jeunesse, en Arménie, il porte le nom d'Aram. Lorsqu'il débarque à Marseille, il a 10 ans, pas un sou en poche et ne parle pas un mot de français. Un jour, en famille sur la Canebière, ses parents se rendent compte de l'urgence de lui acheter des chaussures neuves, ce qui, pour eux, était un gros effort financier. Moi-même, j'ai connu cela, en Slovaquie, je sais de quoi il parle. Aram remarque l'enseigne du magasin : André, tout éclairé le soir sur la Canebière. Cette illumination lui va droit au cœur. Il la pointe du doigt et lance :

« C'est un nom ?

— Oui

— Alors, je m'appellerai André ! »

Une chance que ce ne fût pas « Bata » !

Il a grandi dans le quartier dit « des Arméniens » où les gamins poussent comme de l'herbe, bonne et mauvaise, un peu ce que l'on dit aujourd'hui des quartiers Nord, montrés si souvent du doigt. Il n'en sort qu'à 18 ans, diplôme en poche ; pas le bac, évidemment, mais le permis de conduire, celui de la grande évasion… Avec sa 4L, l'équivalent des Skoda bas de gamme en Tchécoslovaquie, il sortira enfin des frontières du quartier, puis du Vieux Port, pour s'aventurer jusqu'à Aix-en-Provence, très chic, truffée d'étudiants, ou à Carry-le-Rouet, la plage la plus populaire : « Même pas dans les bars, on rentrait », m'avouera-t-il, plus tard, avec sa drôle de tournure de phrase. Cela signifiait qu'il n'avait pas le moindre argent… pas de quoi payer un Coca aux filles de la paillote.

Mais avant d'en savoir plus sur lui, avant de le pousser au bout de ses souvenirs, j'ai gagné sa confiance en lui offrant la surprise qui forcera les portes de son cœur. Je dis « son cœur » à dessein, pas par goût de la bluette, mais parce qu'il en parle encore avec émotion. Un jour où j'étais en représentation à Marseille, j'ai fait rechercher sur la carte le quartier des Arméniens. Et je l'ai traversé en limousine. C'est une toute petite rue, à l'écart des axes de circulation, en plein milieu du XVe arrondissement, avec des maisons grises, comme barricadées dans ce carré qu'on appelle la « zone ». La voiture prenait toute la rue…

J'ai retrouvé son adresse : 9, impasse Abovian. Même pas une rue, une impasse ! Pour lui, j'ai pris une photo. Il en est encore tout retourné. J'ai compris beaucoup de choses sur Aram-André ce jour-là. Grandi à l'ombre de ruelles borgnes et de terrains vagues, l'avenir d'un fils de forain ne pouvait guère atteindre que le rang de… forain. Ou de boxeur. Cassius

Clay et Gratien Tonna, le poids moyen marseillais, étaient alors les idoles d'André... Puncheur dans l'âme, il lui arrivait de descendre croiser les gants au Guardian, une salle dont il parle encore avec des trémolos dans la voix.

Ce sport lui a donné une bonne frappe et appris l'art de l'esquive. Au moins on ne s'aventure pas à lui marcher sur les pieds...

De mon passage surprise dans le quartier des Arméniens, André parle comme d'un cadeau tombé du ciel. C'était juste une manière de vouloir mieux le comprendre, de découvrir les fêlures qui se cachaient pudiquement derrière la carapace...

Comme son père, dès l'âge de 16 ans André fera bientôt les marchés. Alors que je courais les castings, les défilés de mode, les podiums de prêt-à-porter et de haute couture et toutes les *fashion weeks*, son truc c'était la chasse aux vêtements dégriffés. Les « dégrif' » des marchés de rue... Nous étions aux antipodes et décidément peu faits pour nous croiser.

1992 est notre année de référence : je suis en partance pour la France, j'ai 20 ans, lui quitte Marseille pour Marrakech où la vie lui sourit désormais. Tout est parti, pour lui, d'une rencontre avec un marchand de sarouels. Le type lui dit : « Viens avec moi au Maroc. Ce qui coûte un franc ici vaut vingt centimes là-bas. »

André ne se le fait pas dire deux fois. Il a dix mille francs de côté et devient une sorte de « roi du souk ».

J'adore ce genre de destin, je trouve cela très romanesque. André m'avouera plus tard que, sa camionnette débordant de vêtements en vrac, il avait dû soudoyer les douaniers ! Leur équipée commune durera dix ans. Lancée à six ou sept, elle finira par nourrir plus de cent employés autour de la place Jemaa el-Fna, centre de tous les échanges depuis des siècles. Ce genre d'odyssée me rend admirative. Il faut entendre André la conter avec l'accent et se remémorer cent anecdotes toutes plus pimentées les unes que les autres. C'est une des forces d'André. Il a l'art de raconter des histoires. Il en connaît des centaines dont il enrichit le récit au fil du temps. Il est irrésistible. Il me fait tellement rire.

Là est peut-être le secret de sa séduction.

Derrière l'Arménien de Marseille et le Marseillais de Marrakech, il y a aussi le bosseur. Un jour, un cadre du groupe Garella, une entreprise de prêt-à-porter féminin (encore la mode !), la plus grosse boîte de Provence-Côte d'Azur, prend contact avec lui pour venir jouer au golf.

La sympathie s'établit entre eux. Jean-Jacques Garella, le président du groupe, débarque en personne. Il se lie avec un autre ami d'André, Daniel Gauthier, son mentor, un « seigneur », propriétaire d'hôtels à Paris. Au bout du dix-huitième trou, naît entre eux trois un projet ambitieux : ce sera le Jad Mahal, J comme Jean-Jacques, A pour André, D pour Daniel… Mahal veut dire le site, l'endroit. Ici, le meilleur, au cœur d'Hivernage.

Et c'est ainsi que j'ai débarqué dans sa vie.

J'ai appris qu'à l'annonce de ma visite avec Alain Delon, André, en patron avisé, s'était informé auprès des hôtesses de l'accueil :

« Alors, elle est comment ?

— C'est une bombe ! »

Je n'en reviens pas que l'on puisse m'appeler ainsi.

Je le revois encore le premier soir : « Bonjour, bonjour », très directeur. Nous restons polis, sans plus, sans lui marquer de familiarité excessive. Idem le lendemain.

Il a mis cinq ou six jours à me dérider avec ses plaisanteries douteuses et ses répliques ou « histoires marseillaises ».

Ensuite, c'est allé très vite.

J'ai promis à André de m'initier à l'arménien s'il se mettait au slovaque. Par jeu. Il l'a fait. J'adore son « accent slave ». C'est trop mignon. Je lui ai dit : « Avec cent mots, tu te débrouilles. » Il en a appris deux cents. Depuis, je m'amuse à les lui faire répéter, tous les jours, afin qu'il les garde bien en mémoire. Quant à moi, après avoir potassé « le parler marseillais », je commence à prononcer mes premiers mots en arménien. J'en connais déjà cent vingt ! Ce qui le bluffe : je les ai appris en trente minutes !

Évidemment nous nous faisons des cadeaux. Il n'arrête pas de consulter sa montre : elle est gravée « AA », un petit geste pour moi, un grand signe pour lui. Et ce n'est pas fini…

C'était au tout début de notre histoire. Par chance, j'ai été très vite adoptée par son fils,

Matthieu, un beau gosse de 24 ans. Complice avec moi, il alerte son père : « Papa, monte vite, il y a un problème : la télé est déréglée là-haut. »

André grimpe à l'étage quatre à quatre et me découvre… sur son lit. Je ne devais pas être à Marrakech ce jour-là. Or, c'était le jour de la Saint-Valentin !

11

En 2014, trois mannequins connus du grand public apparaissent régulièrement dans des pubs à la télévision : Claudia Schiffer pour Opel et pour Schwarzkopf, la gamme de produits capillaires ; Inès de La Fressange, égérie de Chanel, ambassadrice de L'Oréal, pour la firme d'assurances Allianz, et moi pour le lunettier Atol. Preuve que les « quadras » descendues des podiums restent des valeurs sûres.

Je représente Atol depuis six ans, bientôt sept. Ceux qui m'ont vue présenter sans complexe les soutiens-gorge Wonderbra et poser pour la lingerie fine Victoria's Secret, me retrouvent alors à vanter un outil de correction, des lunettes, *a priori* peu prisé des amateurs de glamour, mais d'une utilité quotidienne.

Enfant, j'étais myope. Quand le scout de Metropolitan m'a repérée dans ce grand magasin de Prague, je portais des lunettes. Mes parents m'en avaient acheté (c'était hors de prix) pour mes 14 ans, ce qui valait cadeau d'anniversaire.

À l'école de Banska Bystrica, je plissais les yeux pour lire le tableau noir et déchiffrer les inscriptions au tableau.

À l'arrêt de l'autocar, où se pressait toujours beaucoup de monde à la sortie des classes, j'avais du mal à repérer, de loin, le numéro du mien. Comme il y avait foule, ça se bousculait, au milieu des paniers, des cartables et des sacs à dos, pour monter à bord et il m'arrivait de rester sur le trottoir, penaude !

Devant l'évidence de ma myopie, après plusieurs retours tardifs à la maison, mes parents avaient dû se faire une raison… J'étais heureuse car, en dehors de l'absolue nécessité de ces verres, j'enviais ma meilleure copine qui, depuis l'âge de 12 ans, arborait des lunettes super-chics.

Mon père était un peu myope, lui aussi. Le soir, avant de se coucher, il prenait soin de ranger ses lunettes dans leur pochette en simili cuir et les plaçait cérémonieusement sur le haut de la cheminée avec l'inscription « pas touche ! ». Les casser aurait déclenché une volée de bois vert.

Il ne sortait ses lunettes que pour les soirées télé. Celle-ci était encore en noir et blanc, bien qu'objet de grand luxe. Je ne découvrirai la télé couleur qu'à 17 ans, l'âge du *maturita,* notre baccalauréat. Quand je portais les miennes, il s'amusait, moqueur : « Tu as une tête à lunettes. » Il aurait pu ajouter : « et à chapeaux ». Le tableau aurait été complet.

Je me suis interrogée sur le choix d'Atol, en signant le premier contrat, en 2008.

Autant, très jeune, j'avais espéré pouvoir porter des lunettes, autant j'en repoussais l'échéance au sortir d'une longue carrière de mannequin, mais le président de la marque et son directeur général, Philippe Peyrard, fan de télé, savait ce qu'il faisait, ce qu'il vendait ; ce n'était pas du Chanel Soleil, certes, mais du joli prêt-à-porter pour tout public, une marque sympa et pas chère.

Il avait pu mesurer l'impact de ses campagnes animées par Antoine, le chanteur et navigateur aux chemises à fleurs hurlant « Atoool ! » sur une plage de sable blanc. Pour lui succéder, sans pour autant le renvoyer dans ses îles tropicales, il cherchait une messagère et, martelait-il, « une femme qui plairait à toutes les générations »... Son credo : passer de l'accessoire médical à la parure de mode, voire de beauté.

À ses yeux, j'étais celle-là.

Effet Wonderbra ? La campagne démarre avec le même succès... dès son lancement, et donne un coup de fouet aux ventes... Elle était pensée pour accrocher les gamins, donc les parents. Nous l'avions tournée en Espagne dans un vaste studio où s'activait une cinquantaine de personnes au service de la marque. Jean-Pierre Roux, réalisateur déjà couronné pour l'originalité des publicités Évian, avec sa ribambelle de bébés, donnait le ton, de la caméra et de la voix. En bustier plongeant, couleur marine, et jupe fourreau d'un rouge muleta, je me berçais sur une immense balançoire, perchée à cinq mètres de hauteur, la tête en arrière. Mes lunettes d'une très grande légèreté (9 grammes) restaient collées sur le nez. Gagné !

En principe, on compte un an pour que l'ambassadeur d'une marque s'inscrive dans l'inconscient collectif. J'aurai mis moins longtemps, tant mieux, et depuis je participe régulièrement aux conventions d'opticiens. J'aime cette marque. Elle m'a permis de créer ma propre ligne, une griffe qui correspond à ma personnalité.

C'est sans doute pourquoi je boucle mon premier « septennat » pour Atol, aux heures de grande audience sur le petit écran. Étudiante, je voulais être ophtalmologiste. Je fixe le téléspectateur droit dans les yeux...

Entre la télévision et moi, c'est désormais une histoire de fidélité.

La pub m'y assure une présence continuelle. J'y suis, en fait, assez souvent invitée, depuis mes premiers pas sous les caméras de la RAI Uno, en Italie au début des années 2000. L'émission s'appelle *Domenica In*, elle est animée par Amadeus, un jeune Drucker, bien parti pour durer, comme Michel. Il présente d'ailleurs un équivalent de *Vivement dimanche*. Y viennent des vedettes importantes, des chanteurs, qui y fêtent leur première consécration au Festival de San Remo, d'autres plus confirmés y consolident leur assise populaire. Le plus surprenant pour moi, reste la demande soumise à mon agence :

« Adriana serait-elle d'accord pour co-animer l'après-midi de *Domenica In* ?

— Oui. »

C'était juste oublier que je ne parlais pas italien…

En trois semaines, j'apprends quelques centaines de mots et des tournures de phrase phonétiques, usant de la même technique que pour le français. Et me voici propulsée face aux caméras romaines.

La RAI me voulait pour deux raisons : j'étais connue en Italie par les pubs sexy pour les bières Peroni et aussi pour les *fashions weeks*, qui se déroulaient chaque saison à Milan. Et j'avais épousé Christian. Les très nombreux amateurs du *calcio* à travers l'Italie connaissaient celui que l'on surnommait « l'invincible cheval fou », à la Sampdoria de Gênes. Il y avait tout de même un problème : j'habitais à Madrid, car Christian portait alors le maillot immaculé du Real.

Pour la prod', l'obstacle n'était qu'une formalité. Chaque samedi matin, je prenais l'avion pour Rome. On m'installait dans un super-hôtel, le temps d'y découvrir la chorégraphie à suivre pour le lendemain. L'émission se tenait intégralement en direct. J'avais appris l'italien en trois semaines. La prod' m'envoyait des répliques à saisir à travers l'oreillette. Je devais les assimiler à vitesse accélérée et les restituer instantanément. Pas si simple. Je lançais des séquences, des jeux. J'étais la blonde de service, ce qui plaisait au public italien.

Pendant l'émission, je changeais deux ou trois fois de robe entre les tableaux. En fonction des chanteurs invités, on me plaçait un walkman aux oreilles et je devais apprendre les paroles, afin de les reprendre en studio, feignant le « live ». Avec quelqu'un comme la Sicilienne Francesca Alotta, par exemple, qui interprétait *Chiamate urgente !* (Appelle-moi d'urgence), c'est facile, le tempo va de soi, mais j'étais plus juste sur les refrains de Madonna. Je me contentais de les fredonner.

Il m'arrivait aussi de me prendre les pieds dans le tapis. Un jour où je dansais parmi une troupe habillée de plumes, façon Lido, surgit plus tôt que prévu Pavarotti, le grand ténor. Or je devais lui poser des questions. Je risquais de bredouiller, compte tenu du barrage de la langue et de voir le public se tordre de rire... Mais non, une grande respiration, un sourire, deux ou trois mots bien placés : *Avanti !*

J'avais alors 26 ou 27 ans. Mon baptême du feu tournait à la formation effrénée. Chaque semaine, j'étais confrontée à de nouveaux défis. Je ne pouvais pas reculer, vis-à-vis de Christian, et de moi-même. Il y avait beaucoup de stress, mais je ne lâchais rien.

Mieux qu'une école, ce genre d'expérience sans filet permet de franchir bien des obstacles et donne de l'assurance.

Quand on m'a demandé, plus tard, de présenter l'élection de Miss Tchéquie, j'étais quasiment chez moi à Prague. Malgré mon vieil accent slovaque, je savais que j'assurerais... En revanche, quand on m'a sollicitée pour *Le Ballon d'or*, sur Canal +, juste avant le duel impitoyable que se livreront Ronaldo et Messi, six années durant, dans une sorte de prolongation sans merci du *clasico* Real Madrid-Barcelone, j'ai tenu à prendre des cours de prononciation pour servir la langue française de la meilleure manière possible.

Ce fut plus cocasse lorsque, pour le concours de Miss Europe, à Paris, drapée dans une magnifique robe d'un blanc écru, j'ai fait mon entrée sous les applaudissements du public. Mon texte défilait sur un prompteur caché par les gens qui s'étaient levés et bouchaient la vue… Sans le secours de Jean-Pierre Foucault, j'en serais encore à chercher mes premiers mots.

Le plus difficile pour moi, c'est le direct : question de langue d'adoption. Certaines émissions longuement enregistrées ne sont guère plus abordables si l'animateur va trop vite. En réalité, je suis capable de tout comprendre, mais la rapidité des échanges empêche la réflexion. C'est frustrant, surtout si l'on s'attache à bien faire.

Avec Michel Drucker, l'invité est en confiance. Relax. On dit de lui qu'il n'écoute pas les réponses ; au moins connaît-il ses questions. Il est très « pro ».

Thierry Ardisson, un précurseur de l'interview sans filet, ne m'a jamais mise mal à l'aise. Très classe. Seule fausse note, mais elle m'est entièrement due : lorsqu'il a fallu que je me mêle à ses chroniqueurs, lors d'un Festival de Cannes, je me suis rendu compte, à ma grande confusion, que les dialogues allaient trop vite pour moi, j'avais du mal à enchaîner, à répliquer rapidement.

Quand vous vous retrouvez face à Baffie, par exemple, c'est dur ! Il est comme une machine à traits d'esprit. Je ne parle pas de sa tendance excessive à multiplier les blagues sur les blondes, il aurait tort de se gêner : je suis une cible facile et bon public... Baffie sait que je l'adore et que l'humour, le vrai, fait partie de mon caractère. Je suis fan de ses répliques instantanées, de ses jeux de mots placés en embuscade, mais je sais qu'il n'est pas facile d'avoir de la répartie en sa présence...

Christophe Dechavanne me semblait plus agressif. Je le connais mieux désormais et apprécie sa vivacité à l'antenne. En m'accueillant, il est vrai perchée sur des talons, il me lança, d'un ton narquois : « Oh, comme tu es petite ! » J'étais un peu tendue car je ne captais pas ses bons mots, lâchés en rafale... Mon obstacle, face à ce genre d'interviewers dont les phrases débitées à toute allure font souvent mouche, reste celui de la langue. Même si je parle français et me sens de plus en plus à l'aise à la télévision, même en direct, il faut pouvoir suivre. Ce n'est pas l'esprit qui fait défaut, je ne crois pas, mais le mot juste...

J'ai vu Harry Roselmack se faire « massacrer » chez Laurent Ruquier lors de la sortie d'un livre très personnel, non dépourvu d'ambitions littéraires et publié sous pseudonyme, donc sans tirer avantage de sa position au 20 heures de TF1.

Il ne fut pas attaqué par Ruquier lui-même, qui sait calmer le jeu pour mieux le faire rebondir, mais par ses chroniqueurs d'alors, dont le style est d'être mordant. C'est leur rôle.

Dans une émission comme celle-ci, j'aurais eu du mal à me défendre. Je ne me serais pas sentie « à armes égales », comme l'était Roselmack, question de rythme et de maîtrise de la langue française, truffée de tant de pièges grammaticaux. Quand le deuxième degré s'en mêle, il faut posséder un solide bagage à l'antenne pour placer, instantanément, la bonne répartie !

Avec du temps, je pourrais acquérir un savoir que l'on n'accorde peu, ou pas du tout, à des filles comme moi, pénalisées *a priori* par des jugements hâtifs et peu amènes sur leur vie jugée « superficielle ». Mais à quoi bon ?

Devrais-je, pour obtenir ma part de considération, citer tel auteur tchèque, pas seulement Kundera connu de tous, tel romancier slovaque, dont l'œuvre m'accompagne jusqu'en Patagonie, évoquer Pablo Neruda, préciser que mes parents, tous deux pianistes, me faisaient vibrer, enfant, au son du *Nabucco* de Verdi ? Ou rappeler mes lectures de collégienne : *Guerre et Paix*, *Anna Karénine*, *Crime et Châtiment*... ? Nous dévorions Tolstoï et Dostoïevski, auteurs prestigieux de la grande époque de la littérature russe. J'ai aimé Gorki. Je suis contente de relire Pouchkine. J'ai appris par cœur, comme toutes les élèves de ma classe, *La Lettre à Tatiana*, un sommet de pure poésie. Je suis aussi à peu près incollable sur

Mucha, le peintre de l'Art nouveau... Combien de Français savent que cet artiste tchèque a illustré nombre d'affiches de leur meilleur champagne ?

Je n'ai rien à gagner à ce genre de challenge, n'ayant nullement la prétention, dans ce livre de souvenirs, de faire œuvre littéraire... Ce n'est qu'une tranche de vie, au fond. Beaucoup l'envient, d'autres la dédaignent. Je veux livrer un témoignage, rien de plus...

Sans doute me sentirais-je en confiance sur Direct 8 parmi les filles qui entourent Laurence Ferrari pour son émission *Le Grand 8*. L'ambiance est bonne entre elles. Je dirais la même chose des émissions de Jean-Marc Morandini.

En gros, les interviews en tête-à-tête me conviennent. Je ne les refuse pas. Elles sont propices à de beaux échanges, car le temps n'y est pas compté, la pression ou le « buzz » n'en sont pas les moteurs. De même, les émissions comme *C à vous* sur France 5, *Les Enfants de la télé* sur TF1, modèle de franche rigolade, sans méchanceté, animée par Arthur, voire *Le Grand Cabaret* de Patrick Sébastien, qui privilégie le sens de la fête, donc du plaisir partagé, me paraissent d'heureuses soirées de divertissement.

Pour une étrangère, dont la culture française n'est encore qu'un vernis (je travaille pour qu'il tienne !), la télévision reste une course d'obstacles qu'il convient de franchir sans se laisser enfermer dans le rôle de la « nunuche » de service. Trop facile !

Être invitée, c'est bien. En faire partie, c'est mieux.

Des années après l'expérience casse-cou, mais non sans vibration, de *Domenica In*, M6 m'a proposé l'antenne.

Au début, en 2007, les projets restaient cantonnés à mon métier. Ainsi l'émission *Top Models*, où l'on me demandait, au côté de Rosalie Delon, d'immerger des gamines dans les coulisses du mannequinat. Rosalie était la « mère fouettard » de ce casting digne d'une téléréalité, inspirée d'un concept américain. Très vite, je me suis prise au jeu, c'est dans ma nature. Je supervisais les séances photos, petits défilés, « relooking » d'une vingtaine d'aspirantes, un peu courtes sous la toise, mais qui ne manquaient pas d'énergie ni de personnalité. Je m'efforçais de déceler les caractères capables de s'investir dans une profession dont les coulisses, très difficiles à vivre, restaient bien mystérieuses. De ce point de vue, même si l'émission n'a pas dégagé de modèles susceptibles d'aller au-delà de cette première sélection, aucune n'y perdit son temps, sinon ses illusions, car elles étaient à rude école.

Avec *Génération mannequin* sur NRJ 12, dont j'étais la marraine, je me sentais encore plus libre pour « coacher » les candidat(e)s. Aussi n'étais-je pas gênée de leur prodiguer autant de conseils artistiques que de mises en garde. Ceux-ci tenaient en trois ou quatre points vitaux à mes yeux : « N'acceptez jamais un contrat que vous ne sentez pas ; refusez la mise en scène d'une photo qui ne vous met pas à l'aise ; soyez professionnel jusqu'au dernier détail. C'est vous qui décidez. L'agence propose, vous choisissez. »

Le garçon qui a gagné a, depuis, fait carrière à New York. Il venait d'un petit village de Corse où il était vendeur saisonnier. Je le trouvais photogénique. Il n'a pas pris cette émission à la légère, il y a vu une opportunité. Moi qui viens d'un pays où nous n'avions même pas de quoi rêver, j'étais fière de lui. Je le suis encore…

Enfin sont arrivées les « vraies » émissions. Je veux dire celles qui ne me voyaient pas qu'à travers le prisme de la mode et de la beauté…

Dans *Pékin Express*, fin 2012, sur M6, je ne tenais pas qu'un rôle de composition. La production m'a imaginée en « passager mystère » d'une étape tournée entre Cuba, les États-Unis et le Mexique. C'était la première fois que je retournais à Cuba, vingt ans après avoir posé dans le rôle d'Evita Peron, l'icône argentine ressuscitée par Madonna. Sous mes yeux, je constatais la même misère, la pauvreté, les maisons lépreuses, vestiges d'un passé opulent, les vieilles bagnoles américaines quasiment hors d'usage. Il n'y avait rien dans les vitrines des magasins, ni sur la table des échoppes, ou si peu. Pas de presse. Pas d'internet, non plus. Rien. Cela me rappelait, chauffée au soleil blanc des Caraïbes, la situation de mon pays avant la Révolution de velours. Je devais surmonter ma timidité, franchement maladive, pour trouver le gîte et assurer le transport de l'équipe… Je me plantais au milieu de la route dans le but d'arrêter les voitures, puis faisais du porte-à-porte pour quémander un lit chez l'habitant. Me retrouver à 41 ans en auto-stoppeuse me rajeunissait, une vraie petite cure de jouvence. Cela me rappelait mes années d'étudiante lorsque avec Roman, mon petit copain de l'époque, on se postait sur la route entre Prague, Bratislava et Banska Bystrica. Vingt ans plus tôt !

Passons sur *Scènes de ménage*, une mini-comédie en *prime time*. Mais ne passons pas sur *Danse avec les stars*, une performance esthétique et physique, conduite avec l'ancien footballeur David Ginola... jusqu'en demi-finale ! Ce n'est pas là simple divertissement... D'abord parce qu'une émission de longue durée qui passe en *prime time* sur TF1 et qui fait de l'audience dans tous les pays n'est pas un programme de série B. C'est surtout une école de discipline qui interpelle le téléspectateur. L'endurance et la technique invitent celui-ci à se projeter : « Pourrais-je en faire autant ? Pourquoi pas moi ? Et si je dépassais mes propres limites ? »

Plus sérieusement, j'ai bien aimé tenir le rôle d'une « femme de l'ombre », à la fois blessée et mystérieuse dans la série policière *R.I.S* sur TF1. Une femme de l'ombre, c'était tout moi à mes débuts. Même si je suis dans la lumière désormais, il en reste quelque chose. J'ai gardé quelques blessures d'enfance. Peut-être, dès lors, suis-je capable de les ressentir, même en tournage, pour tenir le rôle à l'écran...

Je sais aujourd'hui que je tiens correctement ma place à la télévision. Récemment, au sortir du tournage d'un épisode de *Section de recherches* où je jouais encore une femme mystérieuse – innocente, victime ou tueuse ? –, le réalisateur Gérard Marx m'a fait un compliment dont je ne suis pas peu fière : « Ton jeu est naturel. Reste toi-même. Bien des acteurs qui ont suivi des cours de comédie n'arrivent pas à conserver cette manière de jouer, l'air de rien, en simplicité avec la caméra. C'est une arme pour exister à l'écran. Garde-la ! »

12

Trois émissions de télévision me marqueront à jamais.

La première avec Frédéric Lopez, sur France 2. La deuxième avec le Dr Michel Cymes toujours sur France 2. La troisième avec... moi-même sur M6.

Aujourd'hui, quand les gens m'interpellent dans la rue, ils me parlent de deux sujets, en priorité : la Croix-Rouge dont je suis ambassadrice en France depuis 2000 et l'émission *Rendez-vous en terre inconnue* sur France 2.

Cette dernière est née sur un coup de dés. J'étais en train de choisir des dessous féminins dans un grand magasin quand une main se pose sur mon épaule : « Bonjour, Adriana. Je m'appelle Frédéric Lopez, je travaille pour la télévision où je développe un projet autour de personnalités. L'idée consiste à les emmener loin de leur vie quotidienne vers un monde dont ils ignorent tout, qui doit à la fois les surprendre et nous aider à réfléchir... »

Sur l'instant, ne connaissant ni ce Frédéric et moins encore de Lopez, je le prends pour un mythomane. Je souris d'un air entendu, un peu évanescente, ne prêtant pas le flanc à la moindre intrusion dans ma vie. Mais l'homme n'est pas un joker parachuté sur ma route par le service public. Le hasard a bien fait les choses. Son projet, bien réel et parfaitement pensé, n'est pas un mirage inabouti de producteur.

Le surlendemain, il appelle mon agent.

Avec *Rendez-vous en terre inconnue*, il n'y a pas de cachet d'acteur, de défraiement, rien. C'est normal, car la vraie richesse est au bout de la pampa ou du désert. L'homme qui monte le projet s'appelle Franck Desplanques, aventurier de nature et polyglotte (il parle treize langues). À lui l'exploration des contrées, le repérage et la sélection des tribus oubliées. À nous de relever le défi.

Si vous êtes partant, la production prend tout en main. Jusqu'à la valise. Le départ se fait à l'aveugle, cela fait partie de « la pochette-surprise ». Seul l'organisateur connaît la destination. Pour le volontaire, il suffit de se présenter à l'aéroport, les mains dans les poches… « À Dieu va ! »

C'est ainsi que je me retrouve en Abyssinie, presque au bout de la corne de l'Afrique, un pays privé de mer, culminant sur de hauts plateaux, traversés par des zones climatiques, alternant grande chaleur et froidure nocturne. Me voici lancée à la rencontre de Sissay et de sa famille ; des inconnus, des gens de « nulle part » et nous, comme tombés du ciel. On imagine le choc culturel !

Avant de débouler dans leur village, il convient d'imaginer la caravane chargée de matériel cheminant à dos de mule à travers la montagne qui culmine à plus de 4 000 mètres. Il y en a pour deux jours de marche, à se geler et à cuire au soleil selon les heures, à partir du camp de base.

Par éducation et parce que nous sommes formatés « à l'occidentale », notre relation à l'autre est pleine de prévenance, voire mâtinée d'un étrange sentiment de déférence. Même si nous n'avons rien à nous reprocher, ni leur sort détaché des contingences matérielles, ni cette existence nomade où, dans ces contrées, la vie rime avec survie.

Quand j'ai aperçu les premières silhouettes à l'horizon, les larmes me sont montées aux yeux.

Au premier contact, je les dévisageais tous. Ils n'étaient que sourires. Ils n'avaient rien, sauf quelques chèvres et une poignée de vaches, ils se serraient dans des cabanes de torchis et nous souriaient toujours. La nuit, j'avais du mal à m'endormir. Ce monde évanoui me travaillait l'esprit. La nuit, surtout, je me remettais en cause et m'interrogeais sur les mille gâchis de nos sociétés de gaspillage.

Longtemps, après le retour et la diffusion suivie d'un débat sans fin sur la condition des uns et des autres, je suis restée hantée par ce que j'avais vécu avec les Sissay, qui allait bien au-delà des images. Frédéric Lopez, préparant son *Retour en terre inconnue*, me demanda si j'étais d'accord pour leur faire porter un cadeau par l'équipe. « Je préfèrerais y retourner moi-même. » J'avais été marquée par cette rencontre. Je revoyais les images de cette aventure quelque peu irréelle et, surtout, j'avais été marquée par la vie du village, coupé du monde. Des souvenirs restaient chers à mon cœur. Sissay avait refusé de laisser exciser sa fille, il s'était aussi opposé à ce qu'on la marie à l'âge de 10 ans, selon le rituel des anciens. Je revois son jeune fils, un jour de marché, lui demander avec une certaine délicatesse de lui rapporter un pantalon « pas trop troué », ce qu'il avait fait. Enfin, j'avais remarqué dans sa case un livre de dessins qui indiquait une certaine aptitude à s'instruire par le trait, par l'image, presque une esquisse sociale... Bref, des Sissay, je n'avais gardé que des souvenirs marquants. Sur le coup, Frédéric ne m'a pas crue. Il a pensé qu'il s'agissait de la drôle de lubie d'une Parisienne en manque d'émotions fortes. Ce n'était pas le cas. J'ai insisté : « Frédéric, j'y tiens. Je ne veux pas rester sur cette rupture. Notre départ de la tribu ne peut être définitif. Nous avons partagé des tranches de vie, d'un bonheur pudique et furtif. Je veux revoir les Sissay. » Alors, il a cédé. J'étais prête à financer mon retour.

Ce *Retour en terre inconnue*, cinq ans après, m'apportera une sorte de paix intérieure. D'abord il y a eu ce long vol et le trajet à dos de mule, encadré par des porteurs... Même si des millions de téléspectateurs « consomment » ce genre de documentaire à la manière d'un divertissement familial, il y a forcément parmi eux une poignée de témoins plus généreux qui prendront conscience de la vérité oubliée des peuples premiers, fragilisés. C'est faire œuvre utile que de les aider à sauvegarder leurs racines, leur terre.

À titre personnel, le retour chez les Sissay m'a permis de retrouver Yekabanesh, la fille du père de famille. La première fois, elle était encore une enfant. Elle rêvait d'école et de rencontrer l'amour, un jour. Aujourd'hui, je la retrouvais mariée… J'en étais bouleversée. En guise de cadeau, j'avais apporté des vêtements (les leurs étaient troués) et acheté deux vaches. Il y en avait pour 400 € : pas grand-chose pour nous en valeur marchande ; tant pour eux…

Quand Sissay, père d'un nouveau-né, son cinquième enfant, m'a saisi la tête avec des gestes délicats et prononcé des mots qui signifiaient : « Ma fille, tu m'as manqué comme si tu étais ma propre fille », j'ai craqué.

J'étais filmée. Je trouvais soudain très intrusives les caméras dans ce moment intime, mais la situation ne me semblait pas artificielle ; rien à voir avec les subterfuges d'une quelconque téléréalité. Je me raisonnais en même temps. Je me persuadais que le fait de montrer cette famille démunie, sans conscience du déchaînement des sociétés modernes, pouvait contribuer à donner une image respectueuse de la vie nomade, la vie « première ».

En partant, non sans de nouvelles larmes, j'ai fait le serment de revenir chez Sissay pour revoir Yekabanesh. Sans caméra.

Ce ne serait pas, d'ailleurs, avec celles de Frédéric Lopez qui avait quitté Bonne Pioche Productions.

J'ai répondu à d'autres émissions d'aventure. Par exemple : *Les Aventuriers du* XXIe *siècle*, toujours produite par Bonne Pioche, pour France 2, mais sans Frédéric, donc. Le concept repose sur le défi lancé à un carré d'anonymes dans un univers à explorer.

J'ai ainsi suivi Christian Clot, un authentique aventurier, dans la cordillère de Darwin en Patagonie.

Un rude gaillard, ce Christian Clot. Voilà un homme qui se destinait au métier de comédien et de metteur en scène, mais qui a versé dans l'accomplissement de ses passions secrètes. Il est le premier homme à être entré au centre même de la cordillère Darwin en Terre de Feu ! On ne compte plus ses expéditions en Patagonie, parcourant la pampa à pied ou les canaux en kayak. Le 17 novembre 2013, invitée chez Michel Drucker, j'ai mis un point d'honneur à présenter mon grand initiateur à la vie sauvage en cet endroit extrême de l'Amérique du Sud. Pendant vingt-cinq jours, nous avons vécu, à quatre, comme de vrais explorateurs. Moi je tenais la chronique et recueillais l'héritage vécu de cet esprit de pionnier dont Clot était le dépositaire. Le matin, il y avait cheval, l'après-midi, il fallait s'armer du piolet, le soir dormir sous une tente de fortune. Derrière la pratique sportive, Christian faisait aussi partager ses travaux concernant la capacité de l'homme à s'adapter à un milieu aussi hostile. Outre la glaciologie et tous les phénomènes météorologiques de la planète, il travaille assidûment sur les mystères de l'âme humaine (ou du cerveau), sur l'instant fatidique où l'homme bascule face à la prise de décision en situation à haut risque. Passionnant.

Mon goût pour la science des comportements me ramène constamment à la nostalgie de mes études de médecine inachevées. Le milieu médical me plaît. J'y ai des repères.

Certains l'ont bien compris, tel Michel Cymes. Un magazine de télévision a écrit un jour : « Partout où il passe, les maladies trépassent et les audiences se surpassent. »

Je retrouve Michel pour développer à ses côtés un concept autour des pouvoirs et des limites du corps humain. Comment le maîtriser, comment les repousser et jusqu'où ? C'est devenu le titre de l'émission, aussi simplement que cela : *Les Pouvoirs extraordinaires du corps humain*...

Je me suis tout de suite très bien entendue avec lui. Les téléspectateurs le connaissent à travers ses rendez-vous sur France 5, où *Le Magazine de la santé*, domaine pourtant jugé anxiogène, bat des records d'audience. Il est très pédagogue et c'est un vrai déconneur. J'adore ! Quand on est confronté à la maladie, à la souffrance, voire à la mort – le quotidien, ou presque, des médecins –, il est bon de garder son humour de carabin. Je ne vais pas énumérer toutes nos émissions, destinées à passer en revue – et en *prime time* sur France 2 – les recettes de la forme. L'activité physique, l'alimentation, via les conseils d'un nutritionniste renommé, le sommeil et la lutte contre le stress en sont les ingrédients moteurs.

Je joue le rôle de l'ingénue curieuse qui submerge Michel de questions. Cela va du « vivre mieux, bien vieillir » à la promotion de l'activité physique – moi qui n'ai jamais été une grande sportive –, pour réduire les risques de maladies cardiovasculaires.

Plusieurs émissions ont déjà été diffusées, réalisant des scores très honorables. J'ai vibré à celle où nous avons escaladé un sommet du Mont-Blanc, bivouaqué au camp de base autour d'une guitare. Nous n'avons pas ménagé notre peine. Nous avons démarré à 7 heures du matin en direction du téléphérique de l'Aiguille du Midi, casqués et dûment caparaçonnés de polaires, en chaussures de haute montagne à crampons. Puis un hélico nous a déposés en chemin. Piolet à la main, nous avons escaladé un mur de glace, dormi par moins 10 degrés à 3 800 mètres (le sommet est à 4 810 mètres), marché sur une arête surplombant le vide. Nous étions encadrés par des médecins de l'Institut supérieur du sport.

Je m'étais cassé la jambe quelques mois plus tôt. J'avais dû redoubler d'efforts en rééducation.

Dans ce drôle d'exercice j'ai vraiment senti mes limites, notamment côté souffle. Mais, en avançant par paliers, mon corps a fini par s'acclimater. J'ai donc repoussé mes limites, c'était le but !

Au sommet, retournés par l'émotion, nous avons tous pleuré…

En revanche, nous avons bien ri quand, plus tard, il a fallu plonger dans un bain de mer à 11 degrés. C'était à Biarritz. Michel, toujours athlétique et volontaire, n'avait passé qu'un maillot de bain. Il n'allait pas perdre la face au milieu des « Ours blancs », un groupe d'une centaine de nageurs amateurs, plutôt des « quinquas » rigolards, rameutés pour la circonstance. Courageuse, mais pas téméraire, j'avais endossé un T-shirt de surf… loin d'être siglé Victoria's Secret ou Chantal Thomass ! Une autre vie.

Des rires, plutôt nerveux, mais surtout des larmes, il y en a encore quand M6 me propose, en 2013, de me muer en confidente de couples en crise. Je sors alors tout juste de mon divorce et, franchement, me mêler des histoires des autres, non merci.

Thomas Valentin, l'un des grands patrons de la chaîne, insiste pour me rencontrer. Son meilleur allié pour me convaincre sera André. Oui, Aram, mon nouveau compagnon de vie…

« Vas-y ! m'encourage-t-il. Tu as vécu une séparation difficile. Tu dis ne pas tout comprendre à la psychologie des couples. C'est peut-être l'occasion d'apprendre grâce au psychologue qui t'accompagnera. » La curiosité naturelle et mon incurable sens du défi sont mes autres conseillères.

Et me voilà engagée *Pour le meilleur et pour le pire*...

Le principe de l'émission repose sur le témoignage de couples pris dans la tourmente, la lassitude, l'infidélité, l'exaspération.

Au début, je pensais que c'était des conneries, tout ça. Qu'il suffirait d'écouter. J'arrive chez les gens après avoir potassé les fiches qui résument la situation et là, stupeur, ils sont déjà face à moi. Je sens la tension monter d'un cran, alors que ma mission est de maîtriser les protagonistes.

La femme s'exprime plutôt en premier : « Mon mari me trompe. » Lui, dans un réflexe d'autodéfense : « J'ai un enfant, je ne suis pas sûr d'en être le père. » À moi de jouer sur ce registre.

Un couple m'a marqué. Des gens plutôt courageux, pleins de bon sens et pourtant... Ils avouent s'aimer énormément. L'homme travaille à la chaîne, il fait les 3 x 8. Elle s'ennuie. Éternel syndrome du bovarysme, elle se laisse séduire par un autre. Le problème s'aggrave : elle ne sait pas choisir entre « ses » deux hommes. Elle n'est pourtant ni une allumeuse ni une traînée, simplement un peu perdue.

C'est lui qui trouvera la solution. Avec cran, il m'avoue avoir été à la rencontre de son rival. Il l'a interpellé :

« Est-ce que tu l'aimes autant que moi ?

— Non ! »

Sur cet aveu sans réserve, elle est revenue à la maison.

Mon rôle est celui d'une confidente, pas d'un médecin du cœur. La production me remet des fiches assez sommaires sur les cas à exposer, permettant une grande liberté d'improvisation dans la discussion. Je veille à ne pas mettre d'huile sur le feu, en même temps, je dois pousser le dialogue au maximum pour faire éclater la vérité. Je dois me sentir capable de fixer la fille qui me fait face : « Tu sais j'ai connu pareille situation » ou bien « je ferais pareil à ta place », même si ce n'est pas tout à fait vrai, du moins cela pourrait-il être vraisemblable. Cela me rappelle, sans le même niveau de gravité, ces interrogatoires d'accusés quand les policiers minimisent les faits pour obtenir un aveu. Au bout d'un moment, ils dédramatisent, l'air de rien. Ils sont capables de dire au suspect des trucs aussi énormes que : « C'est pas grave que tu aies tué, dis-nous juste où tu as mis le corps... » Mon rôle est exactement à l'inverse. Je ne suis pas là pour obtenir de quelconques aveux, mais pour installer une confiance réciproque et sincère entre nous. Nous sommes dans l'humain, dans la compréhension, pas dans le mauvais procès avec un pseudo-coupable à démasquer.

J'ai eu beaucoup de mal avec un jeune couple, dont je tairai les noms pour ne pas raviver les plaies entre eux – l'émission est restée dans les mémoires –, quand la discussion s'est envenimée.

Je lisais la violence dans les yeux de la fille. Il était encore question d'infidélité. « Fallait-il pardonner ou non ? » Parfois je laissais échapper un sentiment personnel, bien que ce ne soit qu'une réaction, pas un jugement. À un moment, elle me dit : « Je suis devenue la maîtresse de mon mari. Il m'en fait baver. Je suis obligée d'accepter l'autre femme pour le garder. » Moi, par réflexe : « T'es folle ou quoi ! »

Difficile, ensuite, de rétablir l'équilibre, de créer l'harmonie requise, d'aider à replâtrer pour mieux reconstruire si l'amour n'est plus là. C'est là qu'intervient le travail du psychologue. Moi-même j'étais passée par là.

Après ma séparation, un psy m'a remis les idées en place : « Réveillez-vous ! »

Je m'efforce donc de « réveiller » les couples, mais pour tenter de les sortir de leur cauchemar. Pas facile. Ce n'est peut-être que de la télé, mais c'est leur réalité, et non de la « téléréalité ». Combien de situations, autour de nous, tutoient « le pire » et non « le meilleur » !

Certains témoignages m'ont rappelé ma propre histoire avec Christian. Voir le désespoir dans le regard des autres m'a profondément émue. J'en ai perdu parfois mes repères de médiatrice. Quand j'ai dit, l'esprit sans doute ailleurs, « Il faut pouvoir aller très loin pour l'être aimé », j'ai pleuré.

En fait, je me suis efforcée de ne pas pleurer tout le temps…

13

Sport ou aventure ? Aventure ou sport ? Je réponds : les deux.

Autant je me sens mal à l'aise un ballon à la main, autant les expériences menées avec l'explorateur Christian Clot en Patagonie, ou au Mont-Blanc avec Michel Cymes me donnent une solide réputation de bravoure. D'aucuns diraient que l'audace frise l'inconscience, j'assume…

Si je nourris un certain goût pour l'aventure, je le tiens avant tout de Juraj, mon grand-père tant aimé. Lui, c'était un « trompe-la-mort ». J'en garde un souvenir ébloui. Ému et toujours ébloui.

C'est en 2006 que j'ai franchi le pas.

En plein dîner, à Paris, la conversation tourne sur l'avenir du Paris-Dakar, un rallye d'exception qui connaît un nouvel élan sur les routes… d'Amérique du Sud.

Marie Ménager est une bonne copine. Elle est alors mon agent et s'occupe du film *Adriana et Moi*, diffusé sur M6. Elle est si pleine d'énergie que je m'amuse à la titiller : « Tu es un vrai garçon manqué. » Elle rigole. Elle peut en rire de bon cœur, car sous ses allures entreprenantes et volontaires, elle dégage un charme féminin de tous les instants.

Je ne me souviens plus comment les choses ont commencé quand elle a pris au bond un bavardage de routine sur le Paris-Dakar. De routine, au départ, mais qui va, rapidement se transformer en un nouveau challenge pour moi.

« Pourquoi le Dakar est-il réservé aux hommes ? » La question, surgie de je ne sais où, semble incongrue. En tout cas, elle est mal venue pour les spécialistes – dont je ne fais pas partie –, alors que l'Allemande Jutta Kleinschmidt a remporté le plus célèbre des rallyes-raids, au terme d'un duel entre les Mitsubishi et les buggies de l'écurie Schlesser. Elle participait à sa onzième épreuve. Passionnée par le sport féminin et tout ce qui fait le sel de la vie, Marie n'est pas surprise d'entendre décliner la performance d'une championne qui s'était déjà fait un nom en ski, en bobsleigh et même à moto. Une baroudeuse. Dans ce monde plutôt machiste, Jutta pourrait susciter des vocations.

J'interroge, l'air de rien, pas encore passionnée, mais néanmoins curieuse :

« Il n'y a rien pour les femmes ?

— Si, le Rallye des Gazelles. »

Marie connaît tous mes péchés mignons et surtout ma promptitude à relever les défis, même les plus risqués, ce que je ferai, à la stupéfaction générale, en acceptant plus tard celui proposé par l'émission *Vis ma vie* pour laquelle j'endosserai l'habit d'une dresseuse de lions...

Elle se montre intarissable sur le sujet. Soudain, imaginant le challenge à relever, elle me fixe et s'esclaffe, amusée :

« Allez Adriana, on s'inscrit ?

— On y va ! »

Ma réponse stupéfie les amis. Personne autour de moi ne veut croire que j'irai vraiment au bout de ce qui pourrait passer pour une simple lubie de soirée. C'est mal me connaître. Mais...

Premier problème et pas le moindre : je ne sais pas conduire, ou, du moins, j'ai oublié ! Qu'importe, Marie prendra le volant, je serai sa « team passagère ». Sa copilote. Elle me définit à l'aveugle, au milieu d'un fou rire – il y a de quoi, en effet – comme la future Tina Thörner, la copilote suédoise de Jutta, elle-même vainqueur d'une spéciale du premier Dakar disputé en Amérique du Sud !

Je me vois déjà le *road book* sur les genoux, le compas de visée à l'œil, prête à brosser un itinéraire, la règle à portée de main, la boussole autour du cou pour tracer la navigation, passer ou contourner les dunes et mener la vie de bivouac sous le croissant de lune...

Deuxième problème : je ne connais rien à cette épreuve qui, pourtant, existe depuis quinze ans. Marie m'explique tout, s'anime, m'entraîne dans ses rêves. J'apprends, pêle-mêle, qu'il s'agit bien du seul rallye automobile réservé aux femmes, que cent cinquante équipages (pilote et copilote) se retrouvent au départ entre Meknès et la cité fortifiée d'Essaouira, balayée par les vents atlantiques, que c'est là le cœur de la culture *gnaoua*, dont la musique lancinante envoûte les touristes qui se pressent place Jemaa el-Fna, autour des échoppes et des charmeurs de serpent… Même les Rolling Stones ont enregistré des chansons avec en fond cette musique, et Jimmy Hendrix est venu nourrir ses notes sur ces plages balayées par tous les vents.

La tentation est trop grande pour passer à côté d'un événement aussi grisant. De plus, connaissant ma passion naturelle pour l'humanitaire, depuis mon premier engagement, en 1999, en faveur d'une campagne contre les mines antipersonnel, Marie cible facilement mon « cœur de gazelle »… Ce n'est pas qu'un mot pour faire joli. L'association Cœur de gazelles existe bel et bien. Son but consiste à financer une action médicale et sociale dans les régions les plus reculées du Maroc. Derrière la compétition, la ruée des quads, motos et crossovers, il y a la nature humaine. Si peu nombreux que soient les habitants des zones oubliées, s'occuper d'eux est vital.

C'est ainsi que nous avons rempli le bulletin d'inscription des Gazelles et mis le cap sur la mer de dunes. Au départ, les réflexions des techniciens fusaient : « Mais qu'est-ce que ces deux filles vont faire dans cette aventure ? » Cela dit, sur les soixante-dix-huit équipages rassemblés sous les pales de l'hélicoptère qui survole le point de départ, nous ne sommes pas les seules à venir de la télé ou du monde des « people », comme on dit. Si Corentine Quiniou et Florence Bourgnon, des vraies pros du raid-rallye, nous ont précédées dans les sables, des concurrentes sorties du même moule que nous ont suivi leur exemple. Des femmes qui sont vraiment dans la vie, toutes issues de milieux et de professions différents, pas des figurantes superficielles.

Et nous voilà, équipage 132, en place dans le 4 × 4 Toyota (un Rav 4), parées pour un horizon couleur sable de 2 000 kilomètres à boucler en dix jours... Moi, très modeste mais concentrée, je devais me prouver et prouver aux autres mon esprit de compétition et ma capacité à l'assumer.

Quand on se retrouve lâchée dans le désert, une grande solitude envahit l'esprit. Même quand on est deux. Ces rallyes sont comme une traversée en solitaire, bien connue des marins. Notre course se faisait à deux, certes, mais j'étais seule au poste de copilote et elle ne pouvait guère prendre ma place non plus. Au début, je me bagarre au milieu de vingt-cinq cartes d'état-major en noir et blanc, indiquant des parcours approximatifs. Le but consiste à trouver les balises (des drapeaux) disséminées dans le désert, quitte à gratter le sable pour débusquer celles qui y seraient enfouies, et tout cela en parcourant le moins de kilomètres possible. L'art de la navigation est la clé de la réussite. Mettre le cap sur l'objectif et s'y tenir. C'est la règle. S'écarter d'un trajet idéal, dépasser d'un kilomètre ce tracé théorique, c'est se voir infligé aussitôt une pénalité. D'où l'obligation de suivre une navigation précise. C'est mon rôle, et il est très méticuleux. Naviguer, c'est tout un art. La victoire se joue en prenant le chemin le plus court, on est loin d'une épreuve de vitesse... Cependant la moindre faute prend une résonance particulière : la faute de conduite incombe à Marie, celle d'orientation, elle est pour moi. Conjuguer navigation et régularité, c'est très dur. Il m'arrivait parfois de descendre du véhicule pour reconnaître le terrain. À chaque seconde, je doutais de moi, je craignais la fausse piste. Je devais me reconcentrer en permanence, me calmer, et reprendre le cap.

Mais l'inévitable surgissait là où on l'attendait le moins.

Un jour, nous nous sommes perdues, et nous ne parvenions à nous raccrocher à aucun indice. Dans le désert, il n'y a pas que des mirages... heureusement. Je ne sais pas comment cela se produit, mais il est assez fréquent, enfin pas trop quand même, de voir surgir un bédouin, une petite colonne de chameliers, des marchands, que sais-je ? Lorsque nous nous sommes égarées, nous nous sentions larguées et vaguement inquiètes, et soudain une silhouette a surgi à la nuit tombante. J'ai arraché ma ceinture de sécurité, me suis extirpée du siège baquet et me suis précipitée en heurtant la barre de protection qui protège l'habitacle : j'en serai quitte pour un énorme bleu. Enfin, j'arrive devant l'inconnu. Je suis en panique, lui brandis un chiffon rouge pour lui faire comprendre que nous sommes en perdition. Je m'écrie : « Drapeau, drapeau ! »… D'un signe de la tête, il m'indique une direction et m'invite à le suivre. Je n'avais pas fait vingt pas que la balise après laquelle je courais depuis des heures me narguait au milieu d'un triangle dégarni d'épineux et d'un bosquet de plantes grasses. Elle était à mes pieds ! En échange du service, qui pour nous n'avait pas de prix, je lui tends quelques rations de survie, des boîtes de conserve de l'armée, un peu d'eau, un jerrican d'essence. Ce mini-troc ressemblait alors à une sorte d'assurance santé, pour ne pas dire d'assurance survie.

Avec Marie, nous avons connu une situation bien pire, justement. Et frôlé l'incident de frontière.

Dans le Rallye des Gazelles, comme dans tout rallye-raid, le règlement, même s'il présente quelques défaillances, est quasiment sans appel et les réclamations aboutissent peu en cas de pénalité. Chaque voiture est dotée d'une balise de sécurité qui émet en direction d'un satellite. Ainsi l'organisation, qui pianote sur une batterie d'ordinateurs au camp de base, peut-elle suivre les trajectoires. Si l'équipage est en difficulté, elle vient vous récupérer, au milieu de vos derniers bidons d'eau. Mais attention au SOS exagéré, lancé sans véritable raison. Le règlement est draconien. Chaque liaison coûte des points. Tout est prétexte à maîtriser son destin, mais c'est sans compter sur la malice de ceux qui sont censés assurer une certaine sécurité au rallye. Les militaires sont de ceux-là.

Sur la carte, j'avais repéré un petit aérodrome plus ou moins abandonné à la frontière algérienne. Il ne doit pas accueillir beaucoup de vols, sauf pour de rares patrouilles, ou alors il est désaffecté, mais enfin, il a le mérite d'exister. Nous prenons cette direction, Marie toujours très concentrée sur son volant, moi sur mon *road book* déjà bien écorné, les pages légèrement défraîchies. Car le désert, ce n'est pas que le soleil blanc tombant à la verticale sur la voiture, c'est aussi le vent et même la pluie, il y en a pas mal en mars, la saison du rallye.

Sûre de moi, j'indique à Marie la bonne voie quand des militaires s'interposent soudain et nous commandent d'un ton et avec des gestes impératifs de prendre la piste inverse. Marie fera demi-tour. Erreur ! Mais ce n'est pas sa faute : on avait été piégés. Par des militaires ! Complètement dingue…

La nuit tombe. La pluie redouble. Ceux qui n'ont qu'une idée lointaine des zones désertiques ne peuvent imaginer à quoi ressemble un début de tempête de sable ou une pluie cinglante qui crée en un rien de temps des ornières boueuses très dangereuses. Même si elles ne durent qu'une poignée d'heures ! S'y enfoncer, c'est perdre une demi-journée de course.

Nous en sommes là de nos errements, nous n'avons pas le courage de déployer notre tente quand, aveuglées par le vent et le paysage soudainement assombri par le crépuscule, nous avisons une sorte de baraquement avec un toit en tôle et une autre pièce, minuscule, à ciel ouvert.

On dirait une boîte en torchis, pas une maison. Une femme apparaît à quelques mètres. Elle nous ouvre sa porte, nous fait signe de nous réfugier dans son logis, nous abrite derrière des couvertures ou un tapis, je ne sais plus. Dans la pénombre, j'aperçois des formes mouvantes. Ses enfants, serrés les uns contre les autres, semblent transis de froid ou de peur, comme nous. J'en dénombre sept, dont un handicapé, le petit dernier.

Nous sommes confuses de cette intrusion, aussi je m'empresse d'apporter des vivres à partager, ce qu'elle refuse, par pudeur, par fierté, que sais-je, préférant nous tendre ses propres galettes de semoule déjà prêtes à cuire. En voulant les faire réchauffer, je commets une maladresse et renverse mon réchaud posé sur le tabouret. Le feu lèche l'un des pieds : je lui ai brûlé son seul meuble !

Le dialogue eut du mal à s'instaurer, mais entre femmes, nous arrivons à nous comprendre. Je finis par comprendre qu'elle vit seule avec ses enfants dans une région totalement isolée, sur une route éloignée de Zagora. Nous parlons avec les mains. Assise en tailleur sur son tapis, à un moment, je lui demande à ma manière, où est son mari.

« Il est là ! » répond-elle, en pointant le sol.

Il était enterré ici même et j'étais posée sur sa tête !

Au réveil, alors que le soleil est encore assez tendre, nous retrouvons le Rav 4 paré pour reprendre la piste. Le vent est tombé, il ne pleut plus. Nous quittons nos hôtes le cœur un peu lourd et je serre la femme très fort contre moi. En retrouvant ma calculatrice, le compas et la boussole, je prends conscience que nous nous sommes presque enlisées sur la ligne frontière de l'Algérie ; peut-être même quelques dunes au-delà, en tout cas en dehors de l'itinéraire. Pour un peu, les Gazelles auraient frisé l'incident diplomatique, et au moins une pénalité symbolique.

Quand, enfin, nous arriverons au bivouac à Zagora, là où les mécanos peuvent enfin plonger sur les moteurs et vérifier l'état des carrosseries, nous nous apercevrons que plusieurs équipages manquent à l'appel. Des filles aux tenues poussiéreuses racontent leurs mésaventures du jour ou de la veille. Les gens ne se connaissent pas, ou très peu, ils en profitent pour consolider une relation d'abord éphémère et semblent s'apprivoiser, par un rire, une note de guitare, une chanson fredonnée, l'assiette du cuistot… Sympa.

Marie, toujours la première à déconner, n'est pas la dernière, forcément, à mettre de l'ambiance. Elle nous décrit des collines de sable si élevées que même le Paris-Dakar d'hier les contournait, des voitures y avaient enchaîné les tonneaux. Nous, devant une caméra de M6, nous piquons du nez, en hurlant, carrément projetées sur le capot du 4 × 4… Adrénaline maximale et risque d'ensablement… De ce point de vue, le Rallye est aussi une école de solidarité. Tomber sur une voiture ensablée, ou simplement en difficulté, impose l'entraide. On dit des filles qu'elles jouent souvent « chacune pour soi ». Pas les Gazelles ! Je ne voudrais pas, cependant, verser dans l'angélisme. Avoir du cœur, ça, elles en ont toutes. Avoir du caractère, cela va de soi. De là à fermer les yeux sur quelques dérives caractérielles, je ne le ferai pas. J'ai vu des filles s'engueuler casque contre casque ! Lorsque tu te lances dans une aventure aussi intense, où les rôles sont définis et partagés idéalement, en théorie, il ne faut pas se tromper d'équipière au départ. Comme dans le monde des mannequins, le bon casting est capital. Trouver une personne en harmonie avec les qualités qui te sont propres, et que seuls l'épreuve, l'endurance, les magies et sortilèges du désert vont révéler, n'est pas donné à tout le monde. En Patagonie, Christian Clot me répétait que l'aventure individuelle transcende l'équipée, ce qui d'ailleurs se discute.

Avec Marie, nous n'avions pas ces problèmes. Il nous est arrivé de manquer le bivouac pendant deux jours, où je me traînais par terre, épuisée, rien que pour admirer les étoiles dans la solitude glacée du désert.

Je garde mille images au fond de moi, telles celles des grands départs au soleil naissant. Les voitures sont rangées prêtes pour le départ, chaque équipage aux aguets. Les moteurs ronronnent, ronflent, rugissent. Magique !

La première fois que nous avons couru le rallye nous nous sommes classées quatorzième. La deuxième, nous avons fini au septième rang, juste derrière les pros, avec les félicitations du jury… mais je m'en suis tout de même tirée avec une double hernie discale, le dos en miettes, fruit des chocs répétés et des vibrations de toutes sortes.

Depuis 2008, ma sœur Natalia a pris la relève. Je ne sais pas si je lui ai transmis le virus du désert, mais c'est possible, car le désert continue d'habiter mes pensées. On n'en sort pas indemne. Il fait sortir de soi des valeurs insoupçonnées. Il invite à l'introspection, à se remettre en cause, surtout, à obtenir des réponses. Le désert purifie.

Ma sœur, que j'adore, est dix fois plus sportive que moi. Elle court le marathon, nage, fait du vélo, est un as du triathlon, elle n'arrête jamais. Nous sommes très proches l'une de l'autre. Après ses études au lycée français de Prague, elle s'est installée en France. Elle n'avait pas un sou. Elle s'est présentée au concours d'entrée à l'École de médecine, dans la grande tradition des femmes de la famille, puis, elle a bifurqué et est devenue avocate. Quand je suis partie faire mes études à Prague, elle avait 11 ans. Enfants, nous nous chamaillions beaucoup. Quand je l'ai accueillie en France, elle en avait 18. Nous étions devenues adultes et sommes depuis inséparables.

Natalia a couru plusieurs Rallyes des Gazelles et je viens d'embarquer avec elle pour le Rallye des Princesses entre Paris et Saint-Tropez. Cette fois, promis, je décide de prendre le volant. Ce n'est pas une mince affaire pour moi.

Quand je dis que je ne sais pas conduire, je triche... J'ai passé mon permis à 16 ans. On me l'a officiellement remis pour mes 18 ans. Ce jour-là, mon père m'a installée au volant, direction Valaska, depuis Banska Bystrica. Une formalité. Je connaissais par cœur la route qui menait à la maison de mes grands-parents. Une route toute droite, facile. D'un seul coup, apercevant une déviation, mon père s'est mis à hurler. J'ai paniqué. Il m'a flanqué la peur de ma vie et la phobie du volant. Une autre fois, c'était avec Christian, à Athènes. Toute fière, je passe la première vitesse du cabriolet Mazda X qu'il venait de m'offrir... Et je cale ! Je retente ma chance : je cale à nouveau. Au bout d'une demi-heure, j'étais complètement découragée.

Et pourtant, je n'aime pas les gens qui lâchent, ce n'est pas mon genre, ni celui de la famille. Et cela, j'en ai pris conscience au chevet de ma grand-mère, à l'hôpital. Tout le monde disait qu'elle allait partir. Je suis catholique et j'ai prié, normal ; mais, surtout, je n'arrêtais pas de l'encourager : « Tiens bon, accroche-toi, ne m'abandonne pas. » Elle a tenu huit ans de plus.

Et donc, si je décide de suivre ma sœur dans ce rallye, c'est parce que je suis sûre qu'elle ne lâchera pas. Elle sait que je ne conduis pas et connaît ma phobie. Mais je l'entends me dire : « Eh bien, t'as qu'à apprendre, quoi ! » Un impératif qui nous fait encore éclater de rire. Du coup, j'ai demandé à Brahim, notre majordome à Marrakech, de me donner des cours particuliers sur les routes qui serpentent au pied de l'Atlas. J'ai aussi suivi un stage accéléré à Monaco. Et même deux. En effet, je me suis inscrite dans… deux auto-écoles. Quand j'ai dit au premier prof : « Voilà, je ne conduis pas, mais je vais faire un rallye », il m'a dévisagée, l'air interloqué. Je le comprends, car je ne savais même pas faire démarrer la voiture.

Imaginez le tableau, ensuite, quand, me retrouvant devant une Ferrari California dans un garage de la région parisienne, on m'a invitée à l'essayer à un embranchement d'autoroutes ! J'étais très mal.

Et puis je ne sais comment, alors que j'en étais encore à mes balbutiements en conduite, je me suis retrouvée sur la place de l'Étoile à Paris, vraiment terrifiante pour les conducteurs débutants. Ma sœur, elle-même, n'en revenait pas de mon audace… ou de mon inconscience.

Nous nous sommes encouragées mutuellement : « Allez, on le fait ! » Je totalisais à peine une vingtaine d'heures de leçons de conduite et je me lançais, soudain, dans le grand bain.

Question d'image vis-à-vis des copines (elles avaient été trois cents l'année précédente représentant vingt-trois nationalités), je ne pouvais pas me contenter du simple rôle de marraine du Rallye des Gazelles, donner le départ avec un grand sourire devant l'esplanade du Trocadéro, drapeau chérifien à la main, ou d'en présenter l'avancée lors du point quotidien présenté sur M6. Il fallait que je me prouve autre chose, même si, en tant que navigatrice, j'avais fait mes preuves à travers le Maroc. Le défi lancé avec ma sœur, entre Paris et Saint-Tropez, tombait à point nommé. Du Rallye des Princesses, je retiens quelques moments forts.

D'abord la découverte d'une France buissonnière. Nous serpentions à l'écart des autoroutes et des voies de grande circulation. Au départ de Paris, il fallait cinq jours pour relier Saint-Tropez. Nous étions en catégorie « Prestige », et il y avait quatre-vingt-dix voitures. Nous nous sommes classées trentièmes ! Sur le redoutable circuit du Castellet, j'ai atteint de jolies pointes de vitesse, tout en gardant la prudence à l'esprit. Et je ne vous parle pas des fous rires, ni des virages abordés sur des routes étroites et à double sens. C'est bien simple, à peine arrivées, nous voulions repartir... Nous ne voulions pas que le rallye se termine. Il est vrai que, de par son style et sa classe, le rallye, dirigé d'une poigne féline par Viviane Zaniroli, avait tout pour séduire : relais-hôtels, spas, gastronomie, tout y était... Et l'atmosphère, unique. Et très chaleureuse.

Si mes progrès en conduite continuent de s'affirmer, je me verrais bien tenter le rallye italien des Mille Miglia en attendant, un jour, celui de Monte-Carlo. Après tout, je suis résidente monégasque et je le dois bien à la principauté...

Mais je n'en suis pas encore là !

En fait, mon plus beau rallye, au sens affectif, je l'ai vécu avec Aram. C'était en mai 2014.

Ce n'est pas par hasard si mon « cœur de Gazelle », prend La Route du cœur, le nom du Rallye Maroc Classic, partenaire d'une œuvre de bienfaisance, qui compte déjà vingt et une bougies au compteur. Cette fois pas de pistes sans fin, mais de vraies routes, pas de 4 × 4 rugissants lancés à l'assaut des dunes, pas de flotille des sables, mais des voitures de sport ou de grand tourisme à l'ancienne, certaines remontant aux années trente, ce qui donne à la caravane un air de défilé de mode (j'y reviens toujours, décidément).

Au passage, si la moyenne des sept étapes est de trois cents kilomètres chacune, la découverte du royaume a le style d'un roman Belle Époque. Ici, pas de tension, pas d'esprit de compétition, mais plutôt l'étalage d'un certain art de vivre. Soixante-quinze équipages seulement sont de la fête. Les étapes, très conviviales, se font dans des sites aussi prestigieux que la Mamounia à Marrakech, le Berbère Palace à Ouarzazate, la Gazelle d'or à Taroudant. L'alignement des voitures de collection de toutes les couleurs, astiquées comme pour un Salon de l'auto, flatte l'œil devant le déploiement immaculé des tentes berbères.

Avant le départ, un stage de formation aux techniques de la régularité – au dixième de seconde près, il convient de tenir une moyenne imposée sur une trentaine de kilomètres maximum – réunit les néophytes. Dont nous.

Aram et moi avons adoré La Route du cœur. Seul problème, nous avons cassé le pont de notre voiture dès le premier jour. Et puis, avec la Porsche Speedster 356, prêtée en remplacement, on a explosé une roue. Là, miracle, deux mécanos ont pris les choses en main. Dans un bled, au pied des collines de Zagora, ils nous ont déniché deux roues en bon état ; une a été changée sur-le-champ, l'autre gardée comme roue de secours. Dès lors, tout en conservant une vitesse de « gentleman », nous avons roulé en admirant le Maroc vert, près d'Ifrane, non loin de Fez, au cœur du Moyen-Atlas. Véritable petit Megève, il culmine à 1 500 mètres et se transforme en station de ski en hiver. C'est cela aussi le Maroc...

De la première voiture, j'étais assez préoccupée au moment de l'incident, mais tout va bien désormais. Elle peut s'exhiber en majesté. Son histoire m'est très chère.

Trois mois avant le départ, Aram et moi déjeunions au Café de la Poste, un ancien relais postal sur Gueliz, ce quartier de Marrakech très aéré, harmonieusement tracé, sous le protectorat français. Dans un décor d'inspiration mauresque, c'est un endroit idéal pour flâner à l'écart des carrioles bringuebalantes et des motos pétaradantes des larges avenues bordées d'immeubles ocre, tirés au cordeau.

C'est là que nous sommes tombés sur Cyril Neveu. Vainqueur des deux premiers Paris-Dakar, en 1979 et 1980, sur sa Yamaha 500, l'ancien motard est l'âme du Rallye Classic Maroc. Il n'y a pas de hasard. Il était au Jad Mahal, le restaurant d'Aram, pour assister à la soirée de clôture du rallye. Il roulait un peu des mécaniques et jouait au maître de l'Atlas. C'était risible.

Un mois plus tard, nous le retrouvons par hasard à Paris dans un garage « pour initiés », en tout cas recommandé pour les amis.

Là, je tombe sur une Mercedes argentée, une 190 SL. Une petite princesse.

Sur le pare-brise, une pancarte affirme : « Trop tard, je suis déjà vendue. » J'en suis malade. J'ai le coup de foudre. Je ne peux pas passer à côté. Ce bijou est millésimé 1955. Malheureusement, à défaut d'être réellement « vendue », d'autres acheteurs sont sur le coup. Le vendeur n'a pas besoin de me faire l'article pour me convaincre de batailler avec lui.

Je ne baisse pas les bras, fidèle à mon caractère. Et c'est gagné : La Route du cœur aura le dernier mot…

1955, j'y tenais. C'est l'année de naissance d'Aram. Mon cadeau. J'avais décidé de le surprendre, comme il ne l'avait jamais été, de l'éblouir, de partager un rêve, à la manière des grandes romances amoureuses.

14

« Avec la Croix-Rouge, vous avez été formée aux techniques du bouche-à-bouche. Et si je m'évanouissais devant vous ?

— Vous êtes un petit malin, vous ! »

La plaisanterie passée, je rappelle au journaliste rigolard que c'est une technique à connaître et qu'au-delà du fantasme furtif, même lâché pour un bon mot, celle-ci pourrait tout simplement l'aider à sauver sa mère ou son gosse…

Je comprends très bien le regard amusé. De même ne suis-je pas dupe quand, pour les besoins d'un clip susceptible d'interpeller le public, la Croix-Rouge a fait appel à moi pour mimer une réanimation cardio-pulmonaire qui associe des compressions thoraciques au fameux bouche-à-bouche. La belle affaire ! Évidemment, depuis l'origine, le cobaye n'était qu'un mannequin… en cire, mais une parodie lancée sur un site américain, je crois, avec deux mannequins en chair et en os, des blondes spectaculaires de type pin-up fait, depuis, le régal des internautes et, malheureusement, des voyeurs…

Je ne rigole pas avec la santé, on le sait, ni avec le bouche-à-bouche. Cette technique n'est pratiquée qu'en urgence quand on n'a pas de défibrillateur, nettement plus efficace pour la réanimation. Ce geste de premier secours permet simplement d'insuffler à la victime de l'air, fourni par son sauveteur. Dans la réalité, il n'y a rien d'agréable ou de sensuel à appliquer sa bouche largement ouverte sur celle d'un patient inconscient, qui aura peut-être la bouche en sang. D'autant que les conditions ne sont pas toujours réunies pour en réussir l'exercice. La Croix-Rouge a, depuis, abandonné ce geste au profit de nouvelles techniques.

Taper le 15 du Samu ou le 18 des sapeurs-pompiers sur son smartphone reste le réflexe prioritaire.

J'ai rejoint la Croix-Rouge en 1999. Une grande fierté pour moi. Je reste dans la lignée de ma grand-mère, infirmière qui en portait l'écusson à la boutonnière entre Valaska et Banska Bystrica. De plus, dans mon enfance, en Slovaquie communiste, on apprenait aux enfants « les gestes qui sauvent », en prévision de je ne sais quelle invasion « américaine » ou « occidentale ». J'avais 7 ans quand j'ai pris conscience de l'importance du premier secours. Chaque année, jusqu'à mon entrée à l'Université Charles à Prague, les profs du *gymnazium* nous faisaient réviser : tantôt la trousse à pharmacie, tantôt les risques d'hémorragie, tantôt comment réagir à l'alerte des sirènes, tantôt les erreurs à ne pas commettre en voulant bien faire, mais en risquant l'aggravation du mal.

Quand j'ai été sollicitée par la Croix-Rouge, j'ai découvert, ébahie, pour ne pas dire choquée, que 6 % des Français seulement savaient plus ou moins se débrouiller avec ces gestes qui sauvent. En Suède, par comparaison, ils étaient 80 % !

Je n'hésiterai pas, des années plus tard, en 2012, à signer *Les Premiers Secours pour les nuls*, avec le Dr Cassan, conseiller national à la Croix-Rouge française, car il n'est nul besoin d'être expert en médecine pour sauver des vies, réagir en cas de catastrophe, devant une situation d'urgence, et prévenir les accidents de la vie courante. Il y a eu aussi un CD-Rom remis aux stagiaires de l'Association française des premiers secours qui rayonne sur des centaines de centres de formation.

Dès les premiers jours, j'ai tenu à m'investir auprès de la Croix-Rouge. Je ne voulais pas prêter mon image sans marquer les esprits pour une bonne cause.

Un an plus tôt, j'avais partagé le sentiment de frustration d'un mouvement de bénévoles, déplorant le flop médiatique d'une opération conduite à Versailles par le président slovaque en personne, M. Schuster. Après la tempête qui avait ravagé l'Île-de-France et le parc de Versailles, en 1999, il avait fait livrer des plantations en provenance de notre massif des Tatras. Le jour de l'inauguration officielle, il n'y avait pas un seul journaliste. Tout le monde avait « zappé » ce geste amical et symbolique. Il a fallu recommencer en m'invitant, toujours en raison de mes racines slovaques. Et là, comme par enchantement, la presse était au rendez-vous.

J'ai longtemps médité cet exemple, celui d'assumer un rôle de « locomotive », ou de « phare » comme on me désignait alors, en acceptant, plus tard, les tournages de clips originaux ayant pour objet de me transformer en « tornade blonde » au profit de la Croix-Rouge, afin de sensibiliser la population aux grands week-ends de quête nationale.

Une réalisatrice, Christelle d'Aulnat, un concepteur, Thierry Aubert, ont su convaincre la communication de l'association de poser un regard décalé, voire festif, sur l'actualité, même et surtout pour mettre en avant un mouvement de solidarité œuvrant parfois dans des situations de désespoir.

La Croix-Rouge est faite pour venir en aide. En me choisissant pour égérie et en se moquant de mon rôle de *Wonder Woman* d'occasion, ils ont contribué à attirer l'attention du plus grand nombre. C'est la magie de la pub de se placer, ainsi, au service d'une bonne action.

L'idée de faire d'un homme mon « double » inattendu a mis les rieurs de notre côté. Et fait « flamber » internet.

Je ne sais pas quel est le clip le plus drôle. Il y en a plusieurs qui tournent sur Internet.

J'en citerai au moins trois : celui où un automobiliste arrêté à un feu rouge me voit m'approcher, la coupelle destinée à recueillir le fruit de la quête à la main, d'un pas félin et avec un sourire enjôleur. Le temps pour lui de prendre conscience du glamour surprise de l'apparition, de se passer la main dans les cheveux et de reprendre ses esprits, au moment où il abaisse sa vitre c'est un homme qui apparaît devant lui, en lieu et place de la muse espérée. Adieu Adriana !... Mais, après la stupeur, le réconfort : pendant qu'une voix off annonce : « Si Adriana n'est pas là, c'est Robert qui s'en chargera », le brave conducteur, encore sous le choc, met la main à la poche avec un sourire.

Certains préfèrent le scénario dit du « bisou ». Il est très court : je suis dans mon lit, j'adresse un bisou à la caméra et je me retourne contre l'oreiller, la chevelure flottante. Dans le même enchaînement, la caméra s'attarde sur une longue perruque censée représenter mes cheveux, la silhouette se retourne, c'est un homme travesti en femme blonde qui adresse le même bisou à la caméra. En voix off, on entend : « Si Adriana n'est pas là, c'est Robert qui s'en chargera. »

« La vitre », « le bisou », « le réveil », chaque séquence, d'une année sur l'autre, a ses fans. On les compte par dizaines de milliers qui, d'un clic, visionnent un petit spot Croix-Rouge. Même la longue séquence du *making of*, justifiant l'esprit des diverses campagnes, a rassemblé plus de 35 000 vues en quelques mois.

Dès lors, le public, toujours généreux avec l'association, entre dans le jeu à son tour. Ma présence sur le terrain en combinaison beige seyante et gilet rouge, siglé « Croix-Rouge française » est définitivement entrée dans les esprits. On m'a vue un peu partout : à Paris, Rouen, Lille, Orléans. Dans l'esprit de l'aimable comédie, de nombreux bénévoles se sont amusés à faire la quête sous une perruque blonde en 2008. Parmi eux, l'inévitable Robert.

Dans un spot spécial, Frédéric Lopez, l'animateur de *Rendez-vous en terre inconnue*, se prêtera lui aussi au jeu de la perruque blonde.

Certains s'en offusquent. On m'a dit un jour : « Pour convaincre les gens, faut-il entreprendre un strip-tease ? » Je ne donne pas dans ce style. Je joue du charme, certes, mais surtout de l'humour. Ce n'est pas la faute des célébrités si, pour attirer l'attention des gens autour de sujets graves, on leur demande de se mettre en scène, de prêter leur nom, leur voix, leur visage.

Quand on me sollicite pour faire « la jolie fille » de service, je ne dis pas non, si cela peut se révéler utile. Oui, utile. Combien de situations d'urgence, dépourvues d'intérêt médiatique, sont-elles délaissées, ce qui me choque. Je suis souvent envoyée au chevet des « causes oubliées ». Ainsi les médias braquent leurs caméras sur cette opération, qui, sinon, passerait largement inaperçue. J'en ai la preuve quand, dans la rue, des gens m'arrêtent : Grâce à vous j'ai fait telle action, Entrepris telle autre, J'ai sauvé ma grand-mère, Soigné mon voisin… J'ai donné plus que d'habitude.

De ce week-end enthousiasmant en faveur de la solidarité et grâce à une prise de conscience générale, la Croix-Rouge récupère quatre millions d'euros. Cela correspond à un gain de 7 %, chaque année, depuis 2003. Aujourd'hui, 27 % des Français se déclarent aptes « aux gestes qui sauvent » contre les 6 % quatre ans plus tôt. D'une manière générale, 45 % des Français déclarent être en contact avec des formateurs, ou, du moins, ont-ils entendu parler de la formation. À les entendre, je me dis qu'il s'agit bien de gestes citoyens, que ces exercices devraient s'inclure naturellement dans un programme d'instruction civique.

Évidemment cela relève de la volonté politique, un monde dans lequel je ne saurais m'immiscer. Avec l'apprentissage des gestes salvateurs, on est à la fois dans l'éducation et dans la solidarité. J'ai déjà discrètement attiré l'attention de chefs d'État, sans en rajouter jamais, quand, au hasard des rencontres officielles avec l'équipe de France de football ou après le tournage d'un film, j'étais reçue à l'Élysée, au bras de Christian. J'en ai parlé à Jacques Chirac, Nicolas Sarkozy, profitant de la moindre opportunité, instant fugace, même si je me sentais un peu « hors sujet » lors de ces représentations officielles.

Je ne l'ai pas fait avec Nelson Mandela, rencontré deux fois en Afrique du Sud, lors de tournées sportives avec Christian. Je me suis contentée de le regarder, de l'observer, de m'imprégner de son sourire apaisé, qui soulignait une force intérieure sans égale. Lui savait tout sur tout. Nul besoin d'en rajouter en sa présence radieuse. Il symbolisait la contagion du bon exemple. La misère, il l'avait subie, il était comme un « ressuscité » de la vie ; ses mots, son action suffisaient à plonger ses interlocuteurs et le monde dans une admiration muette.

J'ai rencontré le pape Benoît XVI à Rome lors d'une autre tournée, celle du Variétés Club de France emmenée par le journaliste Jacques Vendroux. Avec l'Église, j'ai un rapport particulier : le fait que le catholicisme ait été longtemps pourchassé sous le communisme a eu pour effet de renforcer ma foi. Je crois à un esprit supérieur, aux mystères divinatoires, mais pas forcément aux structures de l'Église, mais j'attends beaucoup du nouveau pape François, issu du continent sud-américain, où règne tant de pauvreté. À propos du pape, permettez-moi un clin d'œil, dans le malheur ambiant. Une compagnie belge avait peint ma silhouette sur la carlingue d'un avion qu'il était censé emprunter à l'occasion d'un vol international. Le chargé de presse du Vatican s'en est offusqué, et le pape a changé de ligne…

De nombreuses expériences m'ont marquée à jamais.

Ceux qui en douteraient n'ont qu'à endosser la tenue beige de la Croix-Rouge et descendre dans la rue avec nous.

Je ne leur demande pas de m'accompagner un jour prochain à Mayotte, ce département jeté comme une bouée dans l'océan Indien, où règne une grande pauvreté ; de me suivre au Niger ou au Mali, de sillonner les dispensaires, au cœur de la brousse, qui manquent à peu près de tout et où dépérissent des femmes malades ou des enfants abandonnés, ni de traverser l'Ukraine, comme je l'ai fait, à l'écoute de prostituées délaissées, abandonnées, pour la plupart condamnées par la maladie... Je revois encore ces femmes, parfois de très jeunes filles tanquées dans des pièces minuscules, avec au mieux, le seul soutien d'une vieille mère.

À Kiev, dont la situation récente rappelle la lutte d'émancipation du Printemps de Prague, une rupture face à la tutelle rampante de Moscou, nous avons sillonné les rues. Les gens n'ont rien là-bas. Cela me rappelait la Tchécoslovaquie de mes jeunes années, ils n'ont rien, ou très peu, mais ils ont du cœur. Ils donnent ce qu'ils peuvent, mais ils donnent.

En Afrique, la Croix-Rouge travaille très bien.

Nous y conduisons des formateurs et apportons du matériel médical sur place. Nous prenons aussi conscience de n'être qu'un pansement sur une blessure à vif ; il suffit de voir se former les files d'attente des assistés, le mot n'est pas péjoratif ici, au contraire, il est pathétique de réalisme, ces gamins aux jambes amaigries, la peau presque collée sur les os, le ventre anormalement arrondi par la malnutrition, pour s'apercevoir que nous ne sommes que des lanceurs d'alerte. Je me revois à distribuer des conserves de beurre de cacahuète enrichi, du lait en poudre, de la semoule.

Mali, Niger, Mayotte, Haïti, Ukraine. Partout où l'on me demande d'aller, là où beaucoup ne vont pas, je suis volontaire. Il n'est nul besoin cependant de courir au bout de la misère pour savoir qu'elle se trouve aussi au coin de sa rue. On a pu me voir dans telle ou telle ville, surtout en province, proposer des produits Croix-Rouge, mugs, clés USB, T-shirts, peluches. Nous tenons des « vestiboutiques » et le reste est proposé sur Internet.

Certains m'ont vue distribuer des sandwichs à des SDF, visiter des centres précaires pour sans-abris, des locaux d'hébergement d'urgence, c'est le lot des 53 000 bénévoles de l'association. Je n'en suis qu'une ambassadrice parmi d'autres, rien de plus, mais c'est sûr, fière du titre d'ambassadrice ; une distinction qui engage.

« C'est vous Adriana ? » m'interpelle un homme appuyé sur une béquille devant la gare d'Orléans. Il insiste : « La vraie Adriana ? Celle qui passe à la télé ? » Des policiers municipaux débonnaires dégainent leur téléphone portable et saisissent la scène : « Tu vois, on t'avait dit qu'elle viendrait... Ce n'était pas du baratin », lui lancent-ils tandis qu'il me raconte les malheurs de sa vie et l'accident récent qui lui a cassé la jambe. Je lui prodigue quelques conseils en vue de sa rééducation.

On appelle cela des « maraudes ». J'en ai fait plusieurs : à Orléans, dans plusieurs villes de Provence, à Paris. Au début, je me contentais d'observer les bénévoles plus aguerris. Il faut, en effet, jouer de la fibre psychologique. Beaucoup de compréhension, d'humanité, de sensibilité. Certains sans-abris, tellement « déclassés » et minés par le sentiment de rejet manifesté à leur égard, peuvent se montrer agressifs, tant les blessures de la vie restent à vif. Il y en a qui flottent entre deux alcools. Comme pour oublier. Dans ce type de situation, il convient de marquer du respect, pas de la pitié, non, surtout pas, car ils ont leur fierté. Parfois, un sourire suffit, une simple marque de considération, de respect. Pour moi, ces bénévoles qui endossent la tenue « Croix-Rouge », après une journée de travail, sont des héros.

J'ai aussi visité des prisons. Je garde en mémoire celle des femmes, à Strasbourg, une autre à La Réunion, si lointaine. J'y restais deux ou trois heures. Dans cet univers clos, la psychologie aussi est la meilleure alliée. Je rencontrais surtout des « libérables ». Elles me questionnaient sur l'apparence et comment adopter une certaine allure, à l'extérieur, afin de surmonter le regard parfois malveillant des autres et les séquelles de leur emprisonnement. Je leur donnais des conseils de soins, de beauté, d'esthétique, mais surtout, pendant ces quelques heures, elles me parlaient. Cela leur faisait du bien. Je ressentais du soulagement de leur part au fur et à mesure des confidences. Pourtant, je m'interrogeais en sortant : ce n'est qu'une goutte d'eau. Ça ne sert à rien... Et puis, un appel, une mission à remplir, une nouvelle action, n'importe laquelle, y compris une visite dans des centres d'hébergement de migrants où défile toute la misère du monde, m'encourageait à tenir, me relançait.

L'humanitaire, c'est très dur.

Je m'y suis lancée en 1999, avec David Ginola, ancien international de football, dans la foulée de la Coupe du monde gagnée par la France, juste après mon mariage avec Christian. Mon premier engagement consistait à dénoncer la tragédie des mines antipersonnel. Nous nous appuyions alors sur l'image de gosses aux jambes arrachées par les mines. Le foot n'était qu'un support, un prétexte pour choquer le téléspectateur, lui faire prendre conscience de ces maux, de ces enfances brisées.

Après cette action, la Croix-Rouge est venue vers moi.

Je suis en admiration devant l'implication des associations humanitaires et de toutes les ONG lancées sur les terrains de misère. Aussi, je n'ai aucun mal à m'insurger devant l'indifférence des gens de pouvoir.

Au Mali, une rencontre m'a scandalisée. Nous avions obtenu un rendez-vous au ministère de la Santé. L'homme nous reçoit, rempli de son importance, après une longue attente, s'excuse à peine du retard, évoque vaguement un emploi du temps surchargé, s'installe confortablement, s'évente, nous écoute d'une oreille distraite tout en gardant le regard posé sur un parapheur dont il tournait machinalement les pages, comme indifférent à notre présence.

J'avais des images insupportables plein la tête. Je commence à lui raconter toutes ces « choses vues » et comment il serait possible, avec un peu de bonne volonté et quelques moyens supplémentaires, de remédier aux situations d'urgence. Je sens tout de suite qu'il est ailleurs, comme éteint et qu'il s'en fout royalement…

Je ne dis plus un mot. Le silence s'installe de part et d'autre. Il relève enfin la tête. Je le fixe un moment au fond des yeux. Il se lève et se dirige vers la sortie ! Nous sommes consternés.

En guise d'épilogue

Zlatica, ma mère, était là, radieuse ; Jan, mon « beau-père », enfin pas vraiment, en fait, il est son compagnon tant aimé, mais pas son second époux ; Natalia, ma sœur, fidèle parmi les fidèles... Seul mon père, pourtant invité, nous a joué « la dérobade » lors du jour J. Comme je l'ai dit, après coup, un peu stupéfiée et choquée, « mes conflits avec lui ne seront jamais soldés. J'en porterai le fardeau toute ma vie ». Ma mère a toujours été ma seule défense. Je lui dois tout, surtout depuis qu'enfant j'ai dû quitter mes grands-parents adorés à Valaska. J'ai longtemps gardé sa beauté naturelle pour modèle. Quand elle apparaissait en blouse blanche de médecin, altière, ou posée sur ses talons, malgré sa grande taille (1,77 m), elle en imposait à tous, sans jamais le rechercher.

Sa beauté, son allure étaient naturels.

Ma sœur en a hérité. Natalia et moi sommes mieux que des complices. Nous partageons tant d'affinités, d'aspirations communes, nous sommes comme inséparables...

Les avoir à mes côtés, les voir auprès de moi, me font monter les larmes. L'émotion me submerge. Ce jour est si chargé de symboles.

Nous sommes à Monaco, la ville dont je suis résidente depuis quatre ans. Ma mère y est comme chez elle. J'en suis heureux pour elle. C'est notre havre de paix. Je la sillonne à scooter, me balade sur le port dans le respect le plus total, me baigne à l'abri des regards dans une petite crique isolée, contemple « Le Rocher » du balcon de mon appartement qui surplombe la rade. Je suis aux anges. Et aujourd'hui, je m'y marie. Comment ne pas être comblée !

Quand les alliances gravées à nos deux prénoms, Aram et Adriana, ont été passées à notre annulaire, le 14 juin dernier, à la mairie de Monaco, j'ai tourné une page de ma vie pour écrire celle de demain.

Adriana je suis, Adriana je reste.

Si je suis devenue Mme Ohanian, trois ans après un divorce douloureux, c'est parce que je suis portée par le besoin d'être la femme d'un seul homme.

J'ai aimé Christian à la folie. Je suis folle d'Aram.

De ce deuxième mariage, beaucoup retiendront les fastes et la fête, même si, bien sûr, il faut regarder au-delà.

Ma robe de soie « céleste » avait de quoi faire tourner les têtes. On s'est extasié, à juste titre, sur ma longue robe de tulle et de broderie transparente, collée au corps ; une mini-traîne sexy signée du couturier libanais Zuhair Murad.

Et rien que de monter à l'arrière de la Rolls-Royce Phantom qui nous menait à l'hôtel Hermitage et de m'abandonner à la tendresse d'Aram, en toute complicité, m'a submergée de bonheur.

Derrière le mariage « en famille », moins mon père donc, les invités et les amis ont répondu au carton portant nos initiales, « AA », et ont ouvert avec nous la porte des rêves au Palais Rhoul, le 18 juin, à Marrakech.

Le décrire est au-delà des mots, du moins des miens. Il y a quelque chose de surréaliste dans la décoration de ce palais, non pas oriental, comme on se plaît à le vanter trop souvent en raison de sa situation marocaine, mais plus spécifiquement d'inspiration romaine.

Il se trouve à sept kilomètres de Marrakech, dans la palmeraie, sur la route de Fez. En pousser la porte, c'est comme entrer dans un « péplum », invitant à la reconstitution d'une mythologie antique.

L'heure est alors au festin de noces au milieu des orangers, des hibiscus et des jacarandas géants, ces flamboyants bleutés venus d'Amérique du Sud ou de Madagascar. Les intimes s'extasient devant la piscine géante de forme ronde entourée de colonnades en demi-cercle, toujours de style romain, bien sûr, mais aussi devant la rotonde et le dôme, les antiquités de toutes sortes et les tableaux de maîtres.

Le palais-jardin s'étend sur cinq hectares.

Des tentes caïdales accueillent les hôtes pour des nuits nomades. Hollywood n'est pas si loin, ambiance garantie, loin des regards indiscrets.

C'est si vrai que derrière le rideau officiel s'ouvre la demeure privée de la propriétaire, Sylvia : six suites disposées en arc de cercle et donnant de plain-pied sur la piscine.

À la carte, selon ses coups de cœur ou par amitié, elle en fait une demeure ultra-privatisée.

J'avais rendu visite à Sylvia, au printemps, avec Aram.

Nous étions déjà très engagés dans les préparatifs du mariage. Sa perspective peuplait nos conversations passionnées. Rien n'était trop beau aux yeux d'Aram. Il avait eu l'idée du Palais Rhoul, guidé par la propriétaire elle-même. Je ne connaissais pas vraiment le fond de sa pensée, même si rien ne m'étonne plus de sa part et qu'il lançait des signes qui auraient dû me mettre sur la piste. N'avait-il pas déclaré, dans l'euphorie, voilà quelque temps, vouloir m'y épouser un jour ? J'en avais souri, flattée, mais pas vraiment sûre qu'il ne s'agissait pas d'une de ses plaisanteries.

Sylvia lui avait rendu la politesse en acceptant de venir souper au Jad Mahal, de découvrir son univers chamarré et festif qui donne le ton des soirées réussies à Marrakech.

En réalité, j'étais rentrée tout éblouie de ma visite au Palais Rhoul, une oasis sans comparaison.

Et si Aram ne plaisantait pas ? Et s'il allait au bout de son rêve ?

La preuve m'en sera donnée dans l'éblouissement de ce 18 juin. La fête sera grandiose. De cette oasis, il fera un jardin secret. Celui de notre nuit de noces.

Qu'en dire encore, sinon ce que nos cent vingt invités en auront retenu ? D'abord, ce n'était pas des « jet-setteurs » au sens superficiel et tape-à-l'œil du terme, mais des amis, des vrais. La moitié des invités était de la famille d'Aram. J'avais choisi le thème de « Gatsby le Magnifique » pour lui, avec un certain second degré et notre éternel clin d'œil festif, afin de mettre tout le monde à l'aise. Chacun apparaissait sous un amoncellement de voilages blancs qui soulignaient la pureté du partage et de l'émotion. Quand je fis mon entrée avec ma mère, sur un tapis de pétales, elle s'effondra en larmes quand retentirent les premières notes de *Popelka,* la version slovaque de *Cendrillon*. Moi, je m'enivrais déjà dans le tourbillon sentimental de *Young and Beautiful,* le tube planétaire de Lana Del Rey. J'y tenais, surtout pour les paroles : « Est-ce que tu m'aimeras encore quand je ne serai plus jolie ? » Pour une fois, grisée par la danse, moulée dans ma robe de Zuhair Murad, je n'étais pas stressée par le tempo de la chorégraphie… J'ai même pris place derrière les platines, en DJ d'un soir vraiment pas comme les autres…

On m'a aussi questionnée sur mon voyage de noces. Surprise : la prod' de France 2 m'avait donné rendez-vous à Los Angeles. Évidemment, Aram a fait sa valise et j'ai tourné avec Michel Cymes un nouvel épisode des *Pouvoirs extra-*

ordinaires du corps humain. Puis j'ai enchaîné sur une émission pour M6.

Comme nous sommes d'incorrigibles perfectionnistes, j'ai emmené avec moi les épreuves de mon livre. En me relisant, je me rends compte qu'une page se referme, mais surtout, en femme sereine, qu'une nouvelle s'ouvre à moi… J'en suis heureuse.

Les élèves du baccalauréat ont planché cette année sur le thème : « Vivons-nous pour être heureux ? » Le bonheur fait encore et toujours philosopher. J'aurais aimé passer le bac cette année !

Crédits photographiques

Page 1, haut gauche, haut droite, bas gauche, bas droite : collection particulière.

Page 2, haut gauche, haut droite, bas : collection particulière.

Page 3, haut, bas gauche, bas droite : collection particulière.

Page 4, haut, milieu, bas gauche, bas droite : collection particulière.

Page 5, haut : Andrew Murray/Sygma/Corbis ; bas : Philippe Doignon.

Page 6, haut : Stéphane Cardinale/Sygma/Corbis ; bas : Bruno Calvo/La Petite Reine/Pathé.

Page 7, Philippe Doignon.

Page 8, Philippe Doignon.

Page 9, Philippe Doignon.

Page 10, haut : MarieM ; bas : Marie Menager Guerin.

Page 11, haut : Henri Tullio/ParisMatch/Scoop ; bas : MarieM.

Page 12, haut : Éric Montgobert/Maïenga ; bas : Peter Marianic.

Page 13, Marianne Rosenstiehl/Sygma/Corbis.

Pages 14 et 15 (double page) : Philippe Doignon.

Page 16 : Philippe Doignon.

11337

Composition
NORD COMPO

Achevé d'imprimer en Slovaquie
par NOVOPRINT SLK
le 11 janvier 2016

Dépôt légal février 2016
EAN 9782290123362
L21EPLN001917N001

ÉDITIONS J'AI LU
87, quai Panhard-et-Levassor, 75013 Paris

Diffusion France et étranger : Flammarion